解读 《山海经》

韩金英◎著

团结出版社

·北京·

图书在版编目（ＣＩＰ）数据

　　解读山海经 / 韩金英著 . -- 北京：团结出版社，
2025. 5.
　　ISBN 978-7-5234-1632-7

　　Ⅰ . K928.626

中国国家版本馆 CIP 数据核字第 2025BN0300 号

责任编辑： 尹　欣
封面设计： 韩金英

出　　　版： 团结出版社
　　　　　　（北京市东城区东皇城根南街 84 号 邮编：100006）
电　　　话：（010）65228880　65244790（出版社）
　　　　　　（010）65238766　85113874　65133603（发行部）
　　　　　　（010）65133603（邮购）
网　　　址： http://www.tjpress.com
电子邮箱： zb65244790@vip.163.com
经　　　销： 全国新华书店
印　　　装： 三河市东方印刷有限公司

开　　　本： 170mm×230mm　16 开
印　　　张： 12　　　　　　　　字　　数： 145 千字
版　　　次： 2025 年 5 月 第 1 版　　印　　次： 2025 年 5 月 第 1 次印刷

书　　　号： 978-7-5234-1632-7
定　　　价： 59.00 元
　　　　　　（版权所属，盗版必究）

前言

　　《山海经》是中华民族最古老的奇书，其中包含上古地理、历史、动物、神话等方面的诸多内容，可以说是上古社会生活的一部百科全书。今天我们将从另一个角度来解读它。古代说的神，用现在的词来说是光，人的精、气、神，其实是人体的光。从光的角度来看，《山海经》是一门系统完备的科学，并不神秘。

　　《山海经》成书于战国时期至汉代初期，作者不详，全书原共二十二卷约三万二千六百五十字，现存十八卷，其余篇章内容早佚。共藏《山经》五卷、《海外经》四卷、《海内经》五卷、《大荒经》四卷。《汉书·艺文志》作十三卷，未把晚出的《大荒经》和《海内经》计算在内。

　　今天，为了读懂《山海经》的本义，我们选取《山经》部分，以一点来窥全貌，把《山海经》到底要说什么，通过一点来解读全体。

　　《山海经》的五行结构及内涵。

　　从《山经》来看，分东、西、南、北、中五个部分，是金、木、水、火、土的五行结构。从《古河图》来看，东边是元性，西边是元情，南边是元神，北边是元精，中间是元气。五个方位，讲仁、义、礼、智、信五德对应先天的五元，外在的五德对应内在的元精、元气、元神、元性、元情。《山经·南山经》是讲南边的元神，其实讲的就是心光的成长。

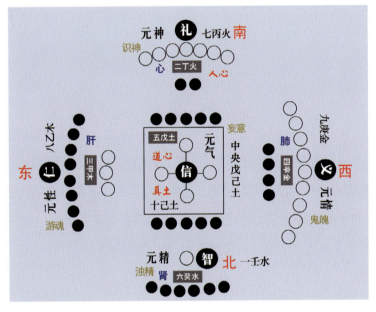

《古河图》

　　五行的结构，又用八卦十二属相进一步具体化。《八卦配十二属相图》，讲的是八卦的八个方位，东属兔、西属鸡、南属马、北属鼠，东、西、南、北是四正位。还有四个角位，东南是属龙、属蛇，西南是属猴、属羊，东北是属虎、属牛，西北是属猪、属狗。五行、八卦、十二属相，这是《易经》天人合一的思维，把时间、空间、人与天地，连成一个整体。每个属相是一年，一圈就是十二年，十二年是心光成长的周期，只有经历十二年的发展变化才能够成熟。《山海经》中的这些动物，是十二属相的变化，十二个动物处于不同的方位。

午时（11 时至 13 时）
未时（13 时至 15 时）
申时（15 时至 17 时）
辰时（7 时至 9 时）
巳时（9 时至 11 时）
生
马
正南
9
离
羊、猴
西南
坤
杀
卯时（5 时至 7 时）
龙、蛇
4
东南
巽
震
兔
3
正东
良
艮
坎
乾
兑
1
鸡
正西
酉时（17 时至 19 时）
西北
虎、牛
8
东北
鼠
猪、狗
6
正北
戌时（19 时至 21 时）
亥时（21 时至 23 时）
子时（23 时至凌晨 1 时）
寅时（3 时至 5 时）
丑时（1 时至 3 时）

《八卦配十二属相图》

　　说动物，是为了说明它们所处方位的卦象，八卦的方位对应人体的不同部位。乾卦对应头部，坤卦对应腹部，兑卦对应嘴，震卦对应脚，坎卦对应耳朵，离卦对应眼睛，巽卦对应臀部，艮卦对应胳膊。（见《八卦配人体部位图》）八卦的八个方位，对应的是人体不同的部位。乾为天，坤为地，天地是合一的关系，一就是大自然的德—元气，是老天的浩然正气。《山海经》的目的，就是给后人留下一把通向大自然之门的钥匙，读懂了就能进入《道德经》所说的玄牝之门，成为与大自然合而为一的高能量生命体。只有读懂《八卦配十二属相图》，才能读懂《山海经》，不然是没有头绪的。这是《易经》天人合一、天人一体的思维，《古河图》和《八卦配十二属相图》讲的是天人合一的具体内容。

《八卦配人体部位图》

　　《四象图》也很重要，青龙、白虎、朱雀、玄武，四象代表二十八星宿的天圆，二十八颗星星在天上围成一个圆圈。在南方的七颗星，连起来是一个朱雀的象，朱雀是红色的，对应的是心脏、心光。青龙对应肝脏和魂，白虎对应肺脏和魄，玄武对应肾脏和精。四象之外中央的黄凤，对应脾和元气。其中朱雀很重要，朱雀对应心光，即自然之光。我们要对五行八卦有基本的认知，不然就没办法读懂《山海经》。只有读懂《古河图》《八卦配十二属相图》《四象图》，才能读懂《山海经》。

《四象图》

　　《五脏神》系列油画，是对二十八星宿的演示，对理解《山海经》中出现的动物的内涵非常有帮助。《心神丹元》一图中，心光是一只红色的朱雀，寓意心光是会飞的。商周出土的金箔太阳神鸟三足鸟，也是心光的意思（见《心神图》）。《肺神皓华》一图中，手握的就是一只白虎，白虎是元精的先天的象。从《肺神图》看，肺神是白虎的象。《肾神玄冥》一图中，龟蛇合为一体，代表元精。鹿也代表元精，从《肾神图》看，肾阴、肾阳中间画了一只鹿。鹿翘着尾巴，小鹿的尾巴永远在动，动的时候不断牵扯尾巴下面的元精库运动，不断地产电、产精气，繁殖力超强，代表小鹿有很强大的元气。《元精》一图中，鹿身上驮着一棵树，树对应肝，肝藏魂，魂是光。树上有五个小人，讲的是五行合一，光就长出来了。鹿代表元精，光是元精化出来的，马王堆 T 型帛画最下方的大鱼也是代表元精。《山海经》中的神鸟，代表心光元神，神龟、神鹿、神鱼代表元精。《肝神龙烟》一图讲肝藏魂，对应东方七宿，魂光呈现龙的象。《脾神常在》一图中的黄凤，黄色对应土。但是五色、七色凤，就不是脾神、脾胃的光，而是五色光合一元神的光。五脏的光是二十八星宿照耀人体的结果。《山海经》用不同卦位的动物，来表达人体的光能量。例如，乾卦对应头部，乾卦上的动物是狗和猪，提到狗和猪，是说头上有光的意思。羊在坤土，牛在艮土，土对应元气，所以羊和牛是元气的意思。坤是地，乾是天，羊、猴在坤卦，猪、狗在乾卦，如果说完坤卦的动物，紧接着说乾卦的动物，就是在说真阴、真阳自动合一，在讲人通向大自然之路。

《心神丹元》

《心神图》

《肺神皓华》

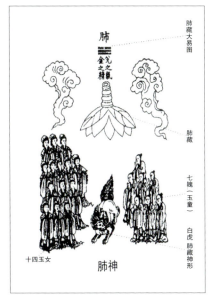

《肺神图》

《肾神玄冥》

《肾神图》

《元精》

《肝神龙烟》

《肝神图》

《脾神常在》

《脾神图》

《抱元守一》

目录

《南山经》

《山经·南山经》，南方在天是朱雀，在人是元神。

狌狌

其状如禺而白耳，伏行人走

《南山经》的第一个动物叫狌狌（xīng xīng）。

南山之首曰䧿山。其首曰招摇之山，临于西海之上，多桂，多金玉。有草焉，其状如韭而青华，其名曰祝余，食之不饥。有木焉，其状如穀而黑理，其华四照，其名曰迷穀，佩之不迷。有兽焉，其状如禺而白耳，伏行人走，其名曰狌狌，食之善走。丽𪊨之水出焉，而西流注于海，其中多育沛，佩之无瘕疾。

狌狌外形似长尾猿，头上长有一对白耳朵，可匍匐前行，也可直立行走。《西游记》中说的"贞下起元"，说的就是孙悟空这只猴子。为什么《山海经》和《西游记》都是先说猴子的形象呢？猴子位于西南方位的坤卦，坤卦代表静、代表地。《道德经》说的"虚其心"，就是静心。人有各种各样的杂念，一念接一念是后天意识心，必须要静下来，要停止杂念，心真的静，才能感受到老天的元气。从猴子开始，讲的就是老天的元气是从静开始发生的，如果不静，元气就不能发生。元气始于静，《西游记》讲"贞下起元，一阳来复"。狌狌指先天真阳的发生。

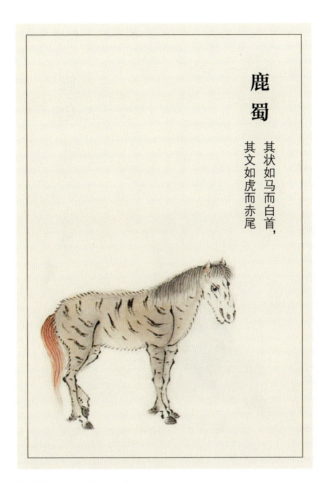

鹿蜀

其状如马而白首，
其文如虎而赤尾

《南山经》的第二个动物叫鹿蜀。

又东三百七十里，曰杻阳之山，其阳多赤金，其阴多白金。有兽焉，其状如马而白首，其文如虎而赤尾，其音如谣，其名曰鹿蜀，佩之宜子孙。

鹿蜀外形似马，头面部呈白色，通身是老虎的斑纹。鹿和白虎代表元精。鹿蜀是元精化光的意思。

旋龟

其状如龟而鸟首虺尾

《南山经》的第三个动物叫旋龟。

怪水出焉，而东流注于宪翼之水。其中多玄龟，其状如龟而鸟首虺尾，其名曰旋龟，其音如判木，佩之不聋，可以为底。

旋龟的外形与普通乌龟无异，却长着鸟头和蛇尾。红色的蛇和黑色的龟缠绕在一起，蛇代表的是肾阳，龟代表的是肾阴，肾阴、肾阳综合一体叫元精，鸟头寓意心光是会飞的。旋龟是元精化光的意思。

鲑鱼

其状如牛，陵居，蛇尾有翼，

其羽在魼下，其音如留牛

《南山经》的第四个动物叫鲑（lù）鱼。

又东三百里，曰杻山，多水，无草木。有鱼焉，其状如牛，陵居，蛇尾有翼，其羽在魼下，其音如留牛，其名曰鲑，冬死而夏生，食之无肿疾。

鲑鱼外形似鱼，长着牛头、翅膀和蛇一样的尾巴。鱼代表元精，《西游记》中唐太宗地府还生，描写他走在水边，看到水中金色的鲤鱼，他看得入神，人一下子就回到阳间来了。元精化光，大脑有了光，人就正常了。鱼是元精；老子骑牛，老子代表的是天地的元气，牛属土，土对应的就是元气，老子骑牛代表的就是老天的德—元气。鲑鱼是鱼身牛头，代表的就是元精和元气。

翅膀代表的是光，光是会飞的。蛇代表真阴，鱼身、牛头代表真阳，鲢鱼是真阴、真阳的合一体，就像《抱元守一》那幅画是蛇和龟的合一体，鲢鱼是蛇和鱼的合一体，龟和蛇是肾阴、肾阳的能量象。鲢鱼实际上就是指元精。

类

其状如狸而有髦

《南山经》的第五个动物叫类。

又东四百里，曰亶爰之山，多水，无草木，不可以上。有兽焉，其状如狸而有髦，其名曰类，自为牝牡，食者不妒。

类外形似野猫，头上有毛发。类有一个特点，它是阴阳合一体。《抱元守一》中的红蛇、黑龟缠绕，代表的是阴阳合一，而类自身就是阴阳合一。阴阳合一就是老天的元气，所以类代表的是德一元气，是老天的浩然正气。

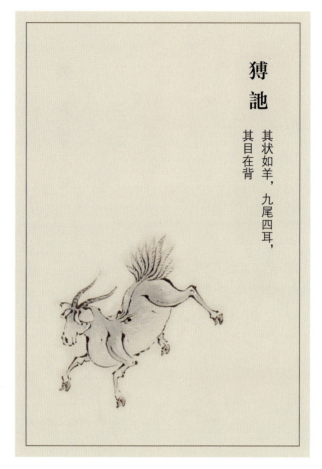

猼訑

其状如羊，九尾四耳，

其目在背

《南山经》的第六个动物叫猼訑（bó yí，也有文献读作 bó tuó）。

又东三百里，曰基山，其阳多玉，其阴多怪木。有兽焉，其状如羊，九尾四耳，其目在背，其名曰猼訑，佩之不畏。

猼訑外形似羊，长有九条尾巴和四只耳朵，眼睛生在背上。羊在坤卦，坤卦五行属土，土对应元气和人的腹部。太极图的两只鱼眼，一个是天目穴，一个是肚脐神阙穴。元气化光，猼訑长有九条尾巴，九是乾卦纯阳的意思。气到纯阳，天枢穴像眼睛一样张开着。光像一面镜子，猼訑指天枢穴开了，能与反物质能量交流。

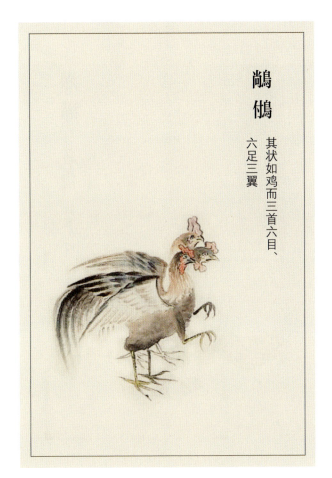

鶹鵂

其状如鸡而三首六目、

六足三翼

《南山经》的第七个动物叫鶹鵂（chǎng fū）。

有鸟焉，其状如鸡而三首六目、六足三翼，其名曰鶹鵂，食之无卧。

鶹鵂外形似鸡，长有三个脑袋、六只眼睛、六条腿和三只翅膀。三是离卦，五行属火；六是坎卦，五行属水。鸟是心光的象，三、六是离卦和坎卦的数。坎离相交，水火既济，是老天的元气的意思。鶹鵂讲的是心光得天光养育了。

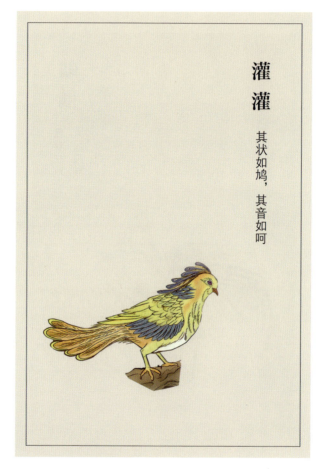

灌
灌

其状如鸠，其音如呵

《南山经》的第八个动物叫灌灌。

又东三百里，曰青丘之山，其阳多玉，其阴多青䰬。……有鸟焉，其状如鸠，其音如呵，名曰灌灌，佩之不惑。

灌灌是外形似雉鸡一类的鸟，发出的声音像人在斥骂。灌灌是心光的意思。

鸟身龙首山神

凡十山，二千九百五十里。
其神状皆鸟身而龙首

《南山经》的第九个动物为鸟身龙首山神。

凡䧿山之首，自招摇之山，以至箕尾之山，凡十山，二千九百五十里。其神状皆鸟身而龙首。其祠之礼：毛用一璋玉瘞，糈用稌米，白菅为席。

此一列山的山神皆为鸟身龙首。南方的七颗星连起来是朱雀的象，朱雀是一只红色的大鸟，代表人的心光。鸟身龙首山神也是一只红色的鸟，但长出了龙头。龙是心光的能量象，神龙见首不见尾，龙是光之变的意思，鸟代表心光。鸟身龙首山神讲的是心光已经会变化，心光是有用的。

013

狸力

其状如豚，有距，
其音如狗吠

《南山经》的第十个动物叫狸力。

南次二山之首，曰柜山，西临流黄，北望诸毗，东望长右。英水出焉，西南流注于赤水，其中多白玉，多丹粟。有兽焉，其状如豚，有距，其音如狗吠，其名曰狸力，见则其县多土功。

狸力外形似猪，却长着鸡的爪子。《八卦配十二属相图》中，猪位于西北方位的乾卦，乾卦纯阳，对应人的头部，代表老天的元气。鸡是凤的象，讲的是心神的光；猪指头部，心光经常上灵台。狸力讲的是心光供养脑光。

鴸

其状如鸱而人手，

其音如痹

《南山经》的第十一个动物叫鴸（zhū）。

有鸟焉，其状如鸱而人手，其音如痹，其名曰鴸，其名自号也，见则其县多放士。

鴸外形似鹞鹰，长有人的脸、人的手。鸟代表心光，心光已经长出来了人的元素，例如脸、头、手。心光会显示出和自己一样的形象，其实光就是人本身，只不过随着光的成长，人的形象会逐步地显化出来。光的自我形象叫真我，真我定格在16岁，比本人肉身的形象年轻、漂亮很多。鴸就是光的自我形象。

长右

其状如禺而四耳

《南山经》的第十二个动物叫长右。

东南四百五十里，曰长右之山。无草木，多水。有兽焉，其状如禺而四耳，其名长右，其音如吟，见则其郡县大水。

长右外形似长尾猿，长有四只耳朵。猴在坤卦位置对应土和元气。长右是元气强大的意思。

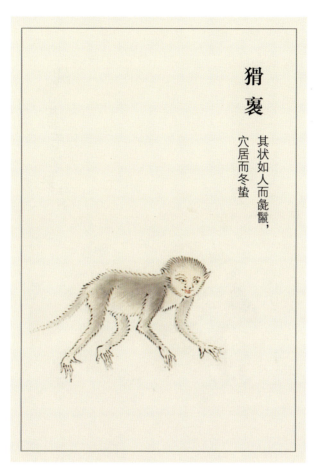

猾褢

其状如人而彘鬣，

穴居而冬蛰

《南山经》的第十三个动物叫猾褢（huá huái）。

又东三百四十里，曰尧光之山，其阳多玉，其阴多金。有兽焉，其状如人而彘鬣，穴居而冬蛰，其名曰猾褢，其音如斫木，见则县有大繇。

猾褢外形似人，脖子上长有似猪一样刚硬的鬣毛。猪在西北方位的乾卦，乾卦对应头部，光至纯阳上升到头部，光已经逐渐地变化出人的元素。猾褢是头上有光的意思。

《南山经》的第十四个动物叫彘（zhì）。

又东五百里，曰浮玉之山，北望具区，东望诸毗。有兽焉，其状如虎而牛尾，其音如吠犬，其名曰彘，是食人。

彘外形似老虎，却长了一条牛一样的尾巴。虎是元精，牛是元气，猪在乾卦位置对应人的头部，彘是元精元气到了头部的意思，下丹田的元精、中丹田的元气，到了上丹田就是元神。神是光的意思，彘就是头上有光的意思。

羬

其状如羊而无口，

不可杀也

《南山经》的第十五个动物叫羬（huán）。

又东四百里，曰洵山，其阳多金，其阴多玉。有兽焉，其状如羊而无口，不可杀也，其名曰羬。

羬外形似羊，但是没有嘴巴，没办法出声。无口其实是无心的意思。羊和猴都在坤卦，坤是静，指完全没有杂念，完全无心的状态，无嘴的羊，形容的就是这个状态。要完全无心才能够得老天的元气。羬是无心积德的意思。

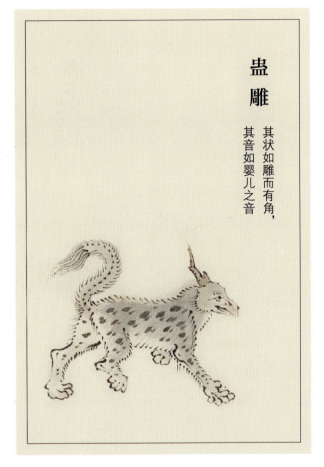

《南山经》的第十六个动物叫蛊雕。

又东五百里，曰鹿吴之山，上无草木，多金石。泽更之水出焉，而南流注于滂水。水有兽焉，名曰蛊雕，其状如雕而有角，其音如婴儿之音，是食人。

蛊雕外形似雕，它有一个很特别的地方，就是头顶长了一只独角，似老子骑的那头独角兕。独角是德一的意思，独就是一，一是老天的德一元气。前文讲的是无嘴的羊，现在说的是独角的雕，讲的就是人能做到无心，老天的元气就来了。《山海经》中出现的动物前后是有关联的。蛊雕代表德一元气。

龙身鸟首山神

凡十七山，七千二百里。

其神状皆龙身而鸟首。

《南山经》的第十七个动物为龙身鸟首山神。

凡南次二山之首，自柜山至于漆吴之山，凡十七山，七千二百里。其神状皆龙身而鸟首。其祠：毛用一璧瘗，糈用稌。

此一列山的山神皆为龙身鸟首。中国人是龙的传人，龙是怎么回事呢？龙是心光显现的象，鸟比喻心光，心光像龙一样能够变化。前面所说的山神是鸟身龙首，现在讲的这个山神是龙身鸟首，说明光已经长大了，龙的整个身体已经长出来了，讲的是光变化的力度，变化如龙，龙是变化莫测的意思。龙身鸟首山神讲的是光的变化能力已经很强大了。

瞿如

其状如鸡，而白首、
三足、人面

《南山经》的第十八个动物叫瞿如。

东五百里，曰祷过之山，其上多金玉，其下多犀兕，多象。有鸟焉，其状如鸡，而白首、三足、人面，其名曰瞿如，其鸣自号也。

瞿如外形似鸡，头部呈白色，长有三只脚和人的脸。三只脚的鸟在古代文物中随处可见，名为金鸟或三足鸟。马王堆T型帛画中，红色的太阳里有一只黑色的鸟，讲的就是金鸟。成都金沙遗址出土的商周时期的太阳神鸟，说明古代圣人早就知道太阳光和心光是有联系的，心光长大以后，会呈现一个太阳的象，这是古代圣人证道证出来的。瞿如是心光显太阳之象的意思。

凤凰

其状如鸡，五采而文

《南山经》的第十九个动物叫凤凰。

又东五百里，曰丹穴之山，其上多金玉。丹水出焉，而南流注于渤海。有鸟焉，其状如鸡，五采而文，名曰凤皇，首文曰德，翼文曰顺，背文曰义，膺文曰仁，腹文曰信。是鸟也，饮食自然，自歌自舞，见则天下安宁。

凤凰外形似鸡，披着五色的羽毛。凤凰就是心光，心光是五色光合一的产物，青龙、白虎、朱雀、玄武、黄凤，这五种颜色集于凤凰一身，凤凰是只彩色的大神鸟。朱雀、玄武、青龙、白虎这"四灵"加上黄凤，五个颜色的光合一了，就叫元神的光。心、肝、脾、肾、肺，心本来是五行之一的火，又是五行之极的元神，心光把五色光综合在一起了，就叫元神。所以，在五行中，心光综合了五色光，五气朝元了，心光就变成了元神的一，一是整体。凤凰是五行合一、五色光融合的真一形象。

颙

其状如枭，
人面四目而有耳

《南山经》的第二十个动物叫颙（yú）。

又东四百里，曰令丘之山，无草木，多火。其南有谷焉，曰中谷，条风自是出。有鸟焉，其状如枭，人面四目而有耳，其名曰颙，其鸣自号也，见则天下大旱。

颙的外形似枭，长有四只眼睛和一对耳朵，比较凶悍。眼睛是心灵的窗户，心灵就是心光，心光通过眼神外现。鸟是心光会飞的意思，四只眼睛的鸟讲的是光已经很充足了，就像孙悟空双目圆睁，两根光柱一样的光射向天宫。颙讲的是光足从眼睛外溢的意思。

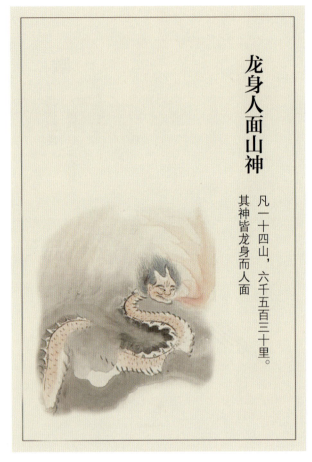

龙身人面山神

凡一十四山，六千五百三十里。

其神皆龙身而人面

《南山经》的第二十一个动物为龙身人面山神。

凡南次三山之首，自天虞之山以至南禺之山，凡一十四山，六千五百三十里。其神皆龙身而人面。其祠皆一白狗祈，糈用稌。

此一列山的山神皆为龙身人面。龙是光能量的变化，人面讲的是光有人的智慧，光是能量智慧一体的。光已经能把人的头变化出来，头统帅着全身，是人体的金字塔尖，指挥着人体的自然运作。龙身人面山神讲的是光能量智慧一体的意思。

小结：

1. 狌狌指先天真阳的发生。

2. 鹿蜀是元精代光的意思。

3. 旋龟是元精化光的意思。

4. 鲑鱼指元精。

5. 类代表的是德—元气，是老天的浩然正气。

6. 猾褢指天枢穴开了，能与反物质能量交流。

7. 鹛鸺讲的是心光得天光养育了。

8. 灌灌是心光的意思。

9. 鸟身龙首山神讲的是心光已经会变化，心光是有用的。

10. 狸力讲的是心光供养脑光。

11. 鴸就是光的自我形象。

12. 长右是元气强大的意思。

13. 猾褢是头上有光的意思

14. 彘是头上有光的意思。

15. 羬是无心积德的意思。

16. 蛊雕代表德—元气。

17. 龙身鸟首山神讲的是光的变化能力已经很强大了。

18. 瞿如是心光显太阳之象的意思。

19. 凤凰是五行合一、五色光融合的真一形象。

20. 颙讲的是光足从眼睛外溢的意思。

21. 龙身人面山神讲的是光能量智慧一体的意思。

一开始是狌狌，然后是鹿蜀和旋龟，狌狌代表的是静，静之后真阳才能发动，鹿蜀和旋龟讲的就是元精发动，光就逐渐出来了。三条龙，第一条龙是鸟身龙首山神，鸟代表光，龙代表光能量的变化，鸟身龙首是光开始变了；第二条龙是龙身鸟首山神，它与鸟身龙首山神正好相反，龙身鸟首讲的是光的变化力度已经很大了；第三条龙是龙身人面山神，讲光不仅是能量，它还像人的大脑一样是有高智慧的。

这就是《南山经》讲的主要动物，用21种动物将元神的光讲清楚了。《古河图》南边对应的是元神，《南山经》讲的就是元神之光的成长过程。从修心入静开始，到元精发动，光就化出来了。牛的形象比喻元气，龟的形象比喻元精，龙是元神的象，光显的一个象。《古河图》竖着一条直线，相当于人的中脉，中脉上有下丹田的元精、中丹田的元气和上丹田的元神。《南山经》把《古河图》的这条竖线完整地表现出来了。《山海经》所说的这些动物，实际说的是卦，要懂得卦的所在位置、对应的十二属相以及对应人的身体部位。

这里最重要的一个概念就是心光是一只大神鸟，心光的能量象是一只彩色的大鸟，不然就理解不了龙是怎么回事。《山海经》是天人合一的《易经》的逻辑思维，把时间、空间、天地人融合成一个整体，是一个整体性的思维，如果不懂《易经》，不懂《古河图》，不懂八卦的方位，就很难理解《山海经》。

总的来说，《南山经》这部分讲的就是中国心、中国龙，龙是心光的法相，是中国心的奥秘，是龙的传人的奥秘，是讲心光在大自然之光哺育下的成长变化过程。

《西山经》

羬羊

其状如羊而马尾

《西山经》的第一个动物叫羬（qián）羊。

西山华山之首，曰钱来之山，其上多松，其下多洗石。有兽焉，其状如羊而马尾，名曰羬羊，其脂可以已腊。

羬羊外形似羊，但长着马尾。羊在《八卦配十二属相图》中位于西南方位，是属羊、属猴的坤卦方位，坤卦就是静。马在离卦位置对应元神，元神是深度的静，静极生动，元精产出。羬羊是静极生动的意思。

《西山经》的第二个动物叫螐（wū）渠。

西四十五里，曰松果之山，濩水出焉，北流注于渭，其中多铜。有鸟焉，其名曰螐渠，其状如山鸡，黑身赤足，可以已𦢊。

螐渠外形似山鸡，鸡在《八卦配十二属相图》中位于正西方位。西南是羊，正西是鸡，在《八卦配十二属相图》中，羊和鸡相邻，这是证十二属相，证出羊、证出鸡，光显羊的象，再显鸡的象。黑身赤足，是水火既济。螐渠是得先天一炁的意思。

肥

𧐗

六足四翼

有蛇焉，名曰肥𧐗，

《西山经》的第三个动物叫肥𧐗（wèi）。

又西六十里，曰太华之山，削成而四方，其高五千仞，其广十里，鸟兽莫居。有蛇焉，名曰肥𧐗，六足四翼，见则天下大旱。

肥𧐗是一种蛇，长着六只脚和四只翅膀。龟和蛇都是元精的象，蛇长有翅膀，就是元精化元神，翅膀比喻光会飞。肥𧐗是元精化元神之光的意思。

豪彘

其状如豚而白毛，
毛大如笄而黑端

《西山经》的第四个动物叫豪彘。

竹水出焉，北流注于渭，其阳多竹箭，多苍玉。丹水出焉，东南流注于洛水，其中多水玉，多人鱼。有兽焉，其状如豚而白毛，毛大如笄而黑端，名曰豪彘。

豪彘外形似猪，身上长有白毛，毛很粗很长，顶端是黑色的。西兑金对应白色，猪在乾卦位置对应头，讲的是光的验证会出白色的象；肺藏魄，魄精为白色，元精发动从肾气上发生，金生水，根源在肺。头部的光显白色，代表着证本元，本元的光能量极强。豪彘是脑光很大的意思。

嚣

其状如禺而长臂，善投

《西山经》的第五个动物叫嚣。

又西七十里，曰羭次之山，漆水出焉，北流注于渭。其上多棫橿，其下多竹箭，其阴多赤铜，其阳多婴垣之玉。有兽焉，其状如禺而长臂，善投，其名曰嚣。

嚣外形似长臂猿猴，擅长投掷。猴在坤卦位置对应土。嚣代表元气。

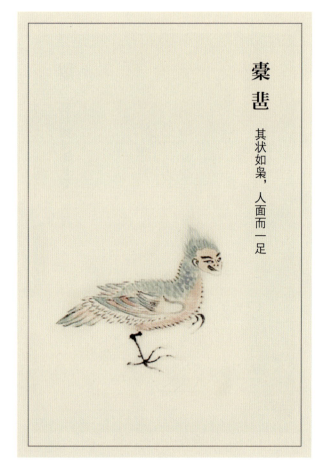

橐𩹉

其状如枭，人面而一足

《西山经》的第六个动物叫橐𩹉（tuó féi）。

有鸟焉，其状如枭，人面而一足，曰橐𩹉，冬见夏蛰，服之不畏雷。

橐𩹉外形似猫头鹰，长有人的脸，只有一只脚。前文讲的是豪彘头部光证出来了，这里提到橐𩹉跟豪彘是连续的关系，橐𩹉是头上有光的意思。前后的联系，是讲光形成的过程。

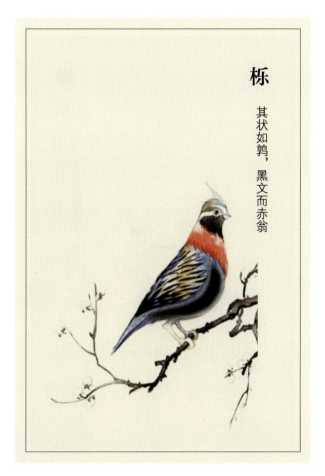

栎

其状如鹑，黑文而赤翁

《西山经》的第七个动物叫栎。

又西三百五十里，曰天帝之山，上多棕枏，下多菅蕙。……有鸟焉，其状如鹑，黑文而赤翁，名曰栎，食之已痔。

栎外形似鹌鹑，身上有黑色的花纹和红色的羽毛。鸟是光的意思，红黑合一，是水火既济的意思。阴阳合一，一是光，只有光才能招摄大自然之光入体。栎是先天一炁的意思。

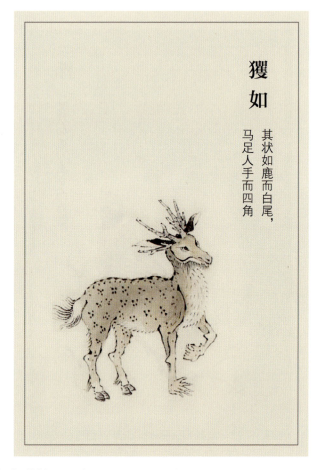

獿
如

其状如鹿而白尾，
马足人手而四角

《西山经》的第八个动物叫獿（jué）如。

西南三百八十里，曰皋涂之山，蔷水出焉，西流注于诸资之水；涂水出焉，南流注于集获之水。其阳多丹粟，其阴多银、黄金，其上多桂木。……有兽焉，其状如鹿而白尾，马足人手而四角，名曰獿如。

獿如外形似鹿，长有白色的尾巴，有马一样的蹄子和人一样的手，头上有四只角。前文提及《肾神图》时已经讲过，鹿代表元精，马处于正南方位代表元神。獿如是元精化元神的意思。

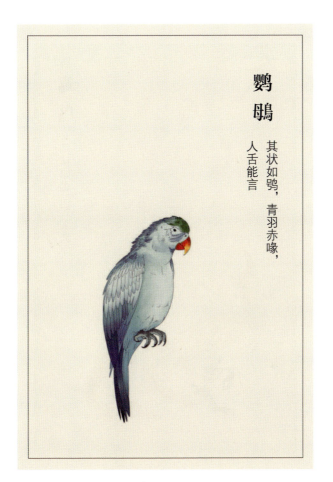

鹦䳇

其状如鸮，青羽赤喙，
人舌能言

《西山经》的第九个动物叫鹦䳇。

又西百八十里，曰黄山，无草木，多竹箭。盼水出焉，西流注于赤水，其中多玉。……有鸟焉，其状如鸮，青羽赤喙，人舌能言，名曰鹦䳇。

鹦䳇（即鹦鹉）外形似鸮鹰，长有青色的羽毛和红色的嘴，它的舌头和人一样，能学人说话。鸟代表光，光是物质能量，光会说话讲的是光有智慧了。鹦䳇是能量智慧合为一体的意思。

《西山经》的第十个动物叫鸾鸟。

西南三百里，曰女床之山，其阳多赤铜，其阴多石涅，其兽多虎豹犀兕。有鸟焉，其状如翟而五采文，名曰鸾鸟，见则天下安宁。

鸾鸟外形似野鸡，长有五彩斑斓的羽毛。五彩羽毛代表的是元神，鸟是光，五色光同时出现了，心光融合了五色光，称为五气朝元，心光上升为了元神的光。单色光，如红色、白色、青色、黑色，是金、木、水、火、土五行之一。心光本来是红色的，但显示出来五色，心光显红色的时候是心神，显五色的时候就是元神，同样一个心神有两个职能。当它能量更高显现五色光的时候，代表的就是元神。五色光和心神红色的光是两个级别的光，五色光代表更高一级的能量。鸾鸟是元神的意思。

鳬徯

其状如雄鸡而人面

《西山经》的第十一个动物叫鳬徯。

又西二百里，曰鹿台之山，其上多白玉，其下多银，其兽多柞牛、羬羊、白豪。有鸟焉，其状如雄鸡而人面，名曰鳬徯，其鸣自叫也，见则有兵。

鳬徯外形似雄鸡，也是带有五色光的鸟，但是已经长出了人的脸。五色光的鸾鸟代表元神的光，显化成人的脸表示此光已有了人的智慧。鳬徯代表光的智慧。

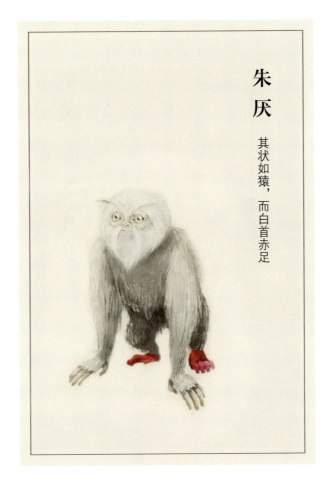

朱厌

其状如猿，而白首赤足

《西山经》的第十二个动物叫朱厌。

又西四百里，曰小次之山，其上多白玉，其下多赤铜。有兽焉，其状如猿，而白首赤足，名曰朱厌，见则大兵。

朱厌外形似猿猴，头部呈白色，脚是红色的。猴子在坤卦位置，头上有白光；赤是红色的离卦，脚上是红光。离卦对应心光。朱厌是心光、脑光一体的意思。

举父

其状如禺而文臂，豹尾而善投

《西山经》的第十三个动物叫举父。

西次三山之首，曰崇吾之山，在河之南，北望冢遂，南望䍃之泽，西望帝之搏兽之山，东望蠕渊。有木焉，员叶而白柎，赤华而黑理，其实如枳，食之宜子孙。有兽焉，其状如禺而文臂，豹尾而善投，名曰举父。

举父外形似猿猴，手臂上长着豹纹，长有豹子般的尾巴，擅于投掷。猴子在坤卦位置，是静的意思。举父是静极生动的意思。

蛮蛮

其状如凫，而一翼一目，相得乃飞

《西山经》的第十四个动物叫蛮蛮。

有鸟焉，其状如凫，而一翼一目，相得乃飞，名曰蛮蛮，见则天下大水。

蛮蛮外形似野鸭，长有一只翅膀和一只眼睛。鸟本来有两只眼睛和一对翅膀，现在是独目、独翅，要两只鸟合起来才能飞。鸟是光，独是一，一是德一能量。蛮蛮是人的光与大自然之光融合了的意思。

鼓

其状如人面而龙身

《西山经》的第十五个动物叫鼓。

又西北四百二十里，曰崇山，其上多丹木，员叶而赤茎，黄华而赤实，其味如饴，食之不饥。丹水出焉，西流注于稷泽，其中多白玉。是有玉膏，其原沸沸汤汤，黄帝是食是飨。是生玄玉。玉膏所出，以灌丹木，丹木五岁，五色乃清，五味乃馨。黄帝乃取崇山之玉荣，而投之钟山之阳。瑾瑜之玉为良，坚栗精密，浊泽而有光。五色发作，以和柔刚。天地鬼神，是食是飨；君子服之，以御不祥。自崇山至于钟山，四百六十里，其间尽泽也。是多奇鸟、怪兽、奇鱼，皆异物焉。

046

又西北四百二十里，日钟山，其子日鼓，其状如人面而龙身，是与钦䲹杀葆江于昆仑之阳，帝乃戮之钟山之东日崷崖。钦䲹化为大鹗，其状如雕，而黑文白首，赤喙而虎爪，其音如晨鹄，见则有大兵；鼓亦化为䴉鸟，其状如鸱，赤足而直喙，黄文而白首，其音如鹄，见则其邑大旱。

再往西北四百二十里，有座峚山，丹水就是从这座山发源的，水中有很多白色的玉石，而且有玉膏涌出，黄帝常服用此物。西藏魄，魄藏精，元精是白玉一样的光。此处对环境的描写，讲的是元精发动化出白光。

用涌出的玉膏浇灌丹木，丹木生长五年后会开出清香的花，结出五色果实。肝藏魂，白玉一样的魂光，五年后五味乃馨，把五色光综合在一起，就是元神的光。

玉石上散发出五色光，色彩交相辉映，显得刚柔并济，白玉之光柔和，但也是天地的浩然正气，至大至刚。先天一炁的德一之光是刚柔并济的。此一列山的山神皆为人面龙身，龙光无限的变化，人面指光已经有了人的智慧。鼓讲的是光有了智慧。

《西山经》的第十六个动物叫文鳐鱼。

又西百八十里，曰泰器之山，观水出焉，西流注于流沙。是多文鳐鱼，状如鲤鱼，鱼身而鸟翼，苍文而白首赤喙，常行西海游于东海，以夜飞。其音如鸾鸡，其味酸甘，食之已狂，见则天下大穰。

文鳐鱼外形似鲤鱼，长着鸟的翅膀，身上有青色的斑纹，头部呈白色，嘴巴是红色的。鱼是元精，鸟的翅膀讲光是会飞的。文鳐鱼是元精化元神之光的意思。

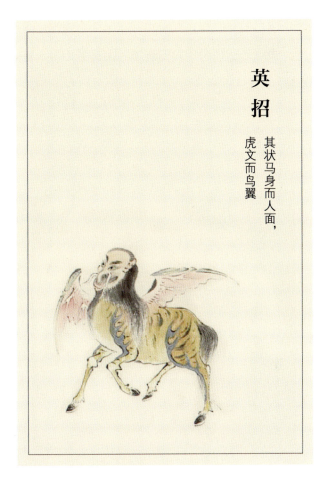

英招

其状马身而人面，虎文而鸟翼

《西山经》的第十七个动物叫英招。

又西三百二十里，曰槐江之山，丘时之水出焉，而北流注于泑水。其中多蠃母，其上多青、雄黄，多藏琅玕、黄金、玉，其阳多丹粟，其阴多采黄金银。实惟帝之平圃，神英招司之，其状马身而人面，虎文而鸟翼，徇于四海，其音如榴。

再往西三百二十里，有座槐江山，这座山蕴藏着丰富的宝藏，有很多黄金、玉石，讲的是这座山所放的光已经是金色的了。此一列山的山神皆为人

解读《山海经》

面马身，马处于正南方离卦位置，对应元神。马长着翅膀，讲的是元神的光
会飞；长着人面，表示光已经有了人的智慧。山神英招为人首马身，表示光
已经有了人的智慧。

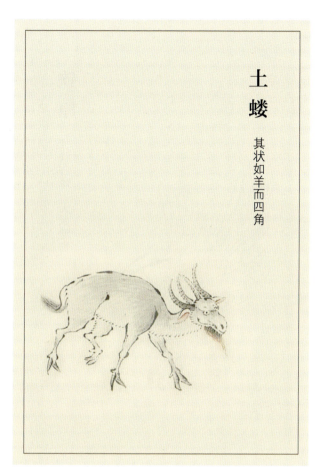

土
蝼

其状如羊而四角

《西山经》的第十八个动物叫土蝼。

有兽焉，其状如羊而四角，名曰土蝼，是食人。

土蝼外形似羊，长有四只角。羊在坤卦位置对应土，土对应元气，四只角表示元气强大。土蝼是元气的意思。

钦原

其状如蜂，大如鸳鸯

《西山经》的第十九个动物叫钦原。

有鸟焉，其状如蜂，大如鸳鸯，名曰钦原，蠚鸟兽则死，蠚木则枯。

钦原是一种外形似蜂、长有大鹏翅膀的鸟，大小和鸳鸯差不多。鸟是光，大鹏是光振翅高飞。钦原讲的是光已经能飞得很远了。

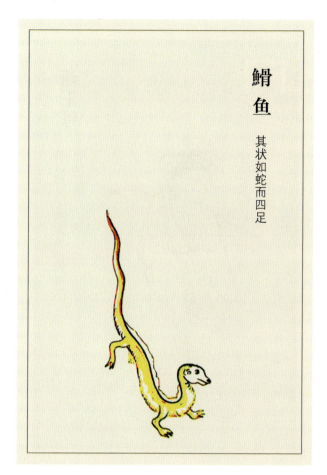

鮹鱼

其状如蛇而四足

《西山经》的第二十个动物叫鮹（huá）鱼。

又西三百七十里，曰乐游之山，桃水出焉，西流注于稷泽，是多白玉，其中多鮹鱼，其状如蛇而四足，是食鱼。

鮹鱼外形似蛇，长有四只脚。蛇和鱼都代表元精，四脚落地，翅膀上天。鮹鱼讲的是光能上能下。

西王母

其状如人，豹尾虎齿而善啸，

蓬发戴胜

《西山经》的第二十一个形象为西王母。

又西北三百五十里，曰玉山，是西王母所居也。西王母其状如人，豹尾虎齿而善啸，蓬发戴胜，是司天之厉及五残。

西北是乾卦，对应头。西王母外形与人相似，长有豹子的尾巴和老虎的牙齿。虎豹对应元精；善啸，喻意元精很强大；蓬发戴胜，"戴胜"为古神话人物西王母的服饰，也是指头顶有光的大成就者，主管上天灾厉和凶星。西王母是元精之母，是化光的本元能量。有了元精化出的元气正能量，可以化解一切灾难。

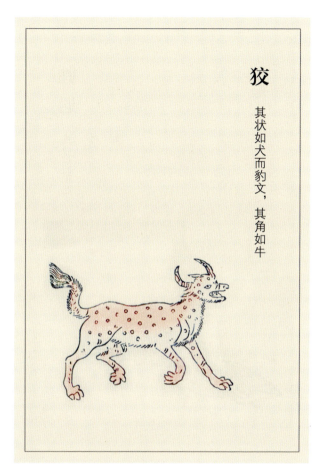

狻

《西山经》的第二十二个动物叫狻。

有兽焉，其状如犬而豹文，其角如牛，其名曰狻，其音如吠犬，见则其国大穰。

狻外形似狗，身上长有豹子斑纹，头上长有牛角。狗在乾卦位置对应头，牛在艮卦位置对应土和元气，元气上升到头部。狻讲的是头部有光的意思。

《西山经》的第二十三个动物叫胜遇。

　　有鸟焉，其状如翟而赤，名曰胜遇，是食鱼，其音如录，见则其国大水。

　　胜遇外形似野鸡，全身长有红色的毛，以鱼为食。鱼是元精，鸟是元神的光，红色对应离卦和元神。胜遇是元精化光的意思。

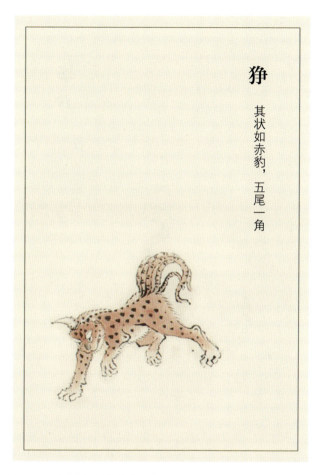

狰

其状如赤豹，五尾一角

《西山经》的第二十四个动物叫狰。

又西二百八十里，曰章莪之山，无草木，多瑶碧。所为甚怪。有兽焉，其状如赤豹，五尾一角，其音如击石，其名曰狰。

狰外形似红色的豹子，长有五条尾巴和独角。赤是离卦，对应元神，五尾一角是五行合一。狰是元神的意思。

057

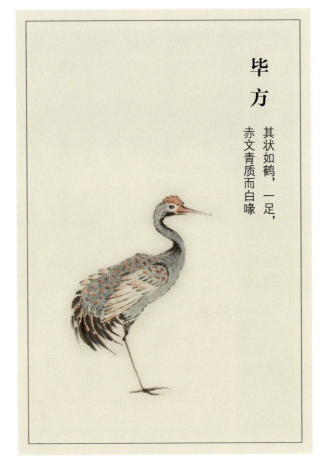

毕
方

其状如鹤，一足，
赤文青质而白喙

《西山经》的第二十五个动物叫毕方。

有鸟焉，其状如鹤，一足，赤文青质而白喙，名曰毕方，其鸣自叫也，见则其邑有讹火。

毕方外形似鹤，只有一只脚，身上有红色斑纹，羽毛是青色的，嘴巴是白色的。毕方能驾驭火，火代表离卦，后天意识，能够驭火说明后天意识已经退位了。毕方是元神当家、识神退位的意思。

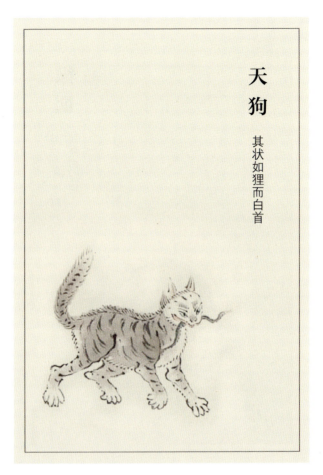

天狗

其状如狸而白首

《西山经》的第二十六个动物叫天狗。

又西三百里，曰阴山，浊浴之水出焉，而南流注于蕃泽，其中多文贝。有兽焉，其状如狸而白首，名曰天狗，其音如榴榴，可以御凶。

天狗外形似野猫，头部是白色的。狗在乾卦位置对应头，乾卦是阳金，对应金色；兑卦是阴金，对应白色。阴金代表精，阳金代表神光，阴金、阳金合一。天狗讲的是精神合一、元精化光。

059

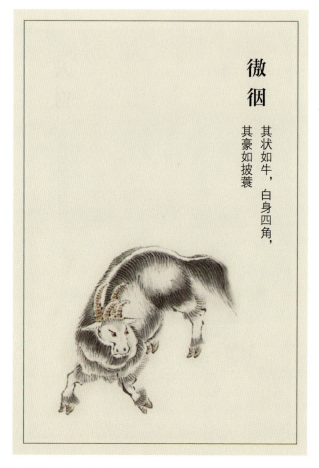

徹㺭

其状如牛，白身四角，其豪如披蓑

《西山经》的第二十七个动物叫徹㺭（ào yè）。

又西二百二十里，日三危之山，三青鸟居之。是山也，广员百里。其上有兽焉，其状如牛，白身四角，其豪如披蓑，其名曰徹㺭，是食人。

徹㺭外形似牛，头上长有四只角，身体呈白色，身上的毛又长又密，看上去像是穿着蓑衣。牛在艮卦位置对应土和元气，白色是兑金之色，是元精的能量色。徹㺭是元精化出强大元气的意思。

《西山经》的第二十八个动物叫鸱（chī）。

有鸟焉，一首而三身，其状如鹩，其名曰鸱。

鸱的外形似鹩鸟，长有一个头和三个身体。鸟比喻的是光，鸟有三个身体。鸱讲的是光的能量已经很大了。

帝江

其状如黄囊，赤如丹火，六足四翼，浑敦无面目

《西山经》的第二十九个动物叫帝江。

又西三百五十里，曰天山，多金玉，有青、雄黄。英水出焉，而西南流注于汤谷。有神焉，其状如黄囊，赤如丹火，六足四翼，浑敦无面目，是识歌舞，实惟帝江也。

帝江外形似一个黄色口袋，身上会发出火红的光，长有六只脚和四只翅膀，面目模糊不清。黄色对应元气，红色对应元神，翅膀比喻光会飞，面目模糊不清比喻混沌，老天的元气把心光养大。帝江是先天一炁的意思。

讙

其状如狸，一目而三尾

《西山经》的第三十个动物叫讙（huān）。

西水行百里，至于翼望之山，无草木，多金玉。有兽焉，其状如狸，一目而三尾，名曰讙，其音如夺百声，是可以御凶，服之已瘅。

讙外形似野猫，长有一只眼睛和三条尾巴。天目穴是天眼，三是正南方位的离卦，代表火。同时，正南方位又是先天乾卦所在，乾卦是一，三和一都在正南方，叫金火同宫，能量很大。讙代表元神、识神合一。

鹅鵌

其状如乌，三首六尾而善笑

《西山经》的第三十一个动物叫鹅鵌（qí tú）。

有鸟焉，其状如乌，三首六尾而善笑，名曰鹅鵌，服之使人不厌，又可以御凶。

鹅鵌外形似乌鸦，长有一个身体和三个头。头是智慧的意思，鹅鵌有三个头，是讲光的智慧已经很高了。

羊身人面山神

凡二十三山，六千七百四十四里。
其神状皆羊身人面

《西山经》的第三十二个动物为羊身人面山神。

凡西次三山之首，自崇吾之山至于翼望之山，凡二十三山，六千七百四十四里。其神状皆羊身人面。其祠之礼：用一吉玉瘗，糈用稷米。

此一列山的山神皆为羊身人面。羊在坤卦，坤土对应元气，人面是讲光是有智慧的。羊身人面山神是《西山经》里的重点。

神魂

其状人面兽身，一足一手，其音如钦

《西山经》的第三十三个动物叫神魂（chì）。

又北二百二十里，曰孟山，其阴多铁，其阳多铜，其兽多白狼白虎，其鸟多白雉白翠。生水出焉，而东流注于河。……

西北三百里，曰申首之山，无草木，冬夏有雪。申水出于其上，潜于其下，是多白玉。

又西五十五里，曰泾谷之山，泾水出焉，东南流注于渭，是多白金白玉。

又西百二十里，曰刚山，多柒木，多㻬琈之玉。刚水出焉，北流注于渭。是多神魂，其状人面兽身，一足一手，其音如钦。

上文是对环境的描写，其兽多白狼、白虎，其鸟多白雉、白翠，盛产的宝矿也多是白金、白玉，都是以白色为特征，白是正西方位兑金之色。

山中有很多神槐（传说中的厉鬼），他们长有人的面孔和野兽的身体，却只有一只手和一只脚。神槐是一，一指德一元气，兽身代表能量。神槐是得一炁之人，是能量强大的意思。

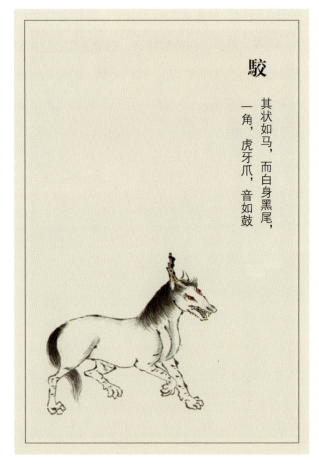

駮

其状如马，而白身黑尾，一角，虎牙爪，音如鼓

《西山经》的第三十四个动物叫駮。

又西三百里，曰中曲之山，其阳多玉，其阴多雄黄、白玉及金。有兽焉，其状如马，而白身黑尾，一角，虎牙爪，音如鼓，其名曰駮，是食虎豹，可以御兵。

駮外形似马，长着一只角，有老虎一样的爪子和牙齿，身体呈白色，尾巴呈黑色。虎是元精，马在正南方位离卦位置，对应元神，一只角代表先天一炁。駮是元神的德一之光。

穷奇

其状如牛，猬毛

《西山经》的第三十五个动物叫穷奇。

又西二百六十里，曰邽山。其上有兽焉，其状如牛，猬毛，名曰穷奇，音如嗥狗，是食人。

穷奇外形似牛，全身长有刺毛。牛在艮卦位置对应土。穷奇是元气的意思。

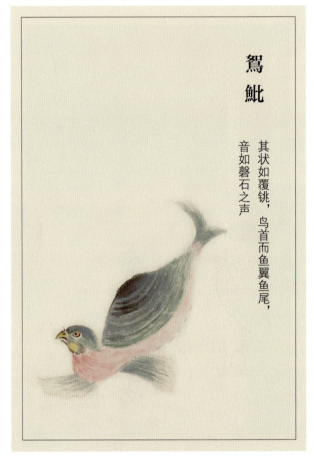

鴽鮤

其状如覆铫，鸟首而鱼翼鱼尾，音如磬石之声

《西山经》的第三十六个动物叫鴽鮤（rú pí）。

又西二百二十里，曰鸟鼠同穴之山，其上多白虎、白玉。渭水出焉，而东流注于河。其中多鳋鱼，其状如鳣鱼，动则其邑有大兵。滥水出于其西，西流注于汉水，多鴽鮤之鱼，其状如覆铫，鸟首而鱼翼鱼尾，音如磬石之声，是生珠玉。

鴽鮤鱼外形似翻过来的铫（一种带柄有嘴的小锅），长着鸟的脑袋，有鱼鳍和鱼尾。鱼是元精，鸟是光，翅膀是讲光会飞。鴽鮤是元精化光的意思。

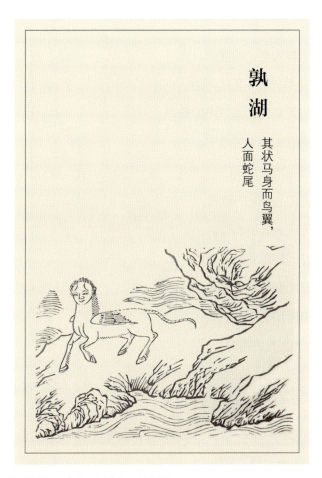

孰湖

其状马身而鸟翼，人面蛇尾

《西山经》的第三十七个动物叫孰湖。

西南三百六十里，日崦嵫之山，其上多丹木，其叶如榖，其实大如瓜，赤符而黑理，食之已瘅，可以御火。其阳多龟，其阴多玉。苕水出焉，而西流注于海，其中多砥砺。有兽焉，其状马身而鸟翼，人面蛇尾，是好举人，名曰孰湖。

孰湖外形似马，长有鸟的翅膀和人的脸。马代表元神，光是会飞的能量，人面讲的是光像人的大脑一样。孰湖讲的是光是有智慧的。

小结：

1. 猍羊是静极生动的意思。

2. 蜭渠是得先天一炁的意思。

3. 肥蟥是元精化元神之光的意思。

4. 豪彘是脑光很大的意思。

5. 嚣代表元气。

6. 橐𩇩是头上有光的意思。

7. 栎是先天一炁的意思。

8. 玃如是元精化元神的意思。

9. 鹦鹉是能量智慧合为一体的意思。

10. 鸾鸟是元神的意思。

11. 凫徯代表光的智慧。

12. 朱厌是心光、脑光一体的意思。

13. 举父是静极生动的意思。

14. 蛮蛮是人的光与大自然之光融合了的意思。

15. 鼓讲的是光有了智慧。

16. 文鳐鱼是元精化元神之光的意思。

17. 英招表示光已经有了人的智慧。

18. 土蝼是元气的意思。

19. 钦原讲的是光已经能飞得很远了。

20. 鰾鱼讲的是光能上能下。

21. 西王母是元精之母，是化光的本元能量。

22. 狡讲的是头部有光的意思。

23. 胜遇是元精化光的意思。

24. 狰是元神的意思。

25. 毕方是元神当家、识神退位的意思。

26. 天狗讲的是精神合一、元精化光。

27. 獓㺐是元精化出强大元气的意思。

28. 鸱讲的是光的能量已经很大了。

29. 帝江是先天一炁的意思。

30. 䧿代表元神、识神合一。

31. 鹓鶵讲的是光的智慧已经很高了。

32. 羊身人面山神是《西山经》里的重点。

33. 神魖是得一炁之人，是能量强大的意思。

34. 駮是元神的德一之光。

35. 穷奇是元气的意思。

36. 鸳鮩是元精化光的意思。

37. 孰湖讲的是光是有智慧的。

正西方位为兑金，白色对应肺，肺藏魄精。西边主要是元精、元气的象。《西山经》的山神是人面龙身（鼓）、马身人面（英招）、羊身人面。龙身、马身、羊身表示光的能量性，人面是讲光同时像人的大脑一样，有自然大智慧。通过龙身、马身、羊身，讲光是一步一步化出来的，光不仅是能量，同时还是智慧，光是能量智慧一体的。

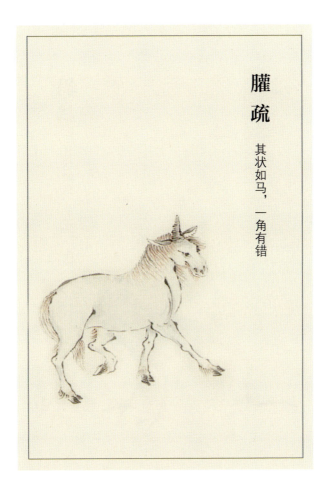

䑏疏

其状如马，一角有错

《北山经》的第一个动物叫䑏（huān）疏。

又北三百里，曰带山，其上多玉，其下多青碧。有兽焉，其状如马，一角有错，其名曰䑏疏，可以辟火。

䑏疏外形似马，长着像磨刀石一样的独角和狮子一样的鬃毛。马在正南方的离卦位置对应元神，独角是讲得了一，元神得了先天一炁。䑏疏是元神的意思。

鶌鶋

其状如乌，五采而赤文

《北山经》的第二个动物叫鶌鶋（qí tú）。

有鸟焉，其状如乌，五采而赤文，名曰鶌鶋，是自为牝牡，食之不疽。

鶌鶋外形似乌鸦，身上有五彩羽毛。鶌鶋是五色鸟，表示五脏的五色光合一。鶌鶋是元神的意思，讲光的智慧已经很高了。

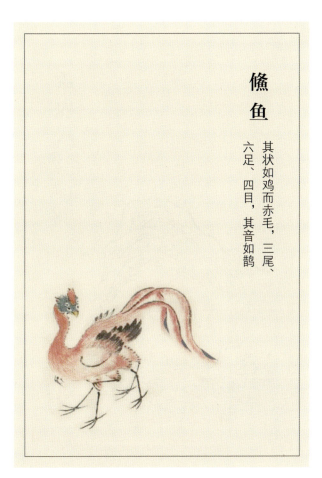

儵鱼

其状如鸡而赤毛，三尾、六足、四目，其音如鹊

《北山经》的第三个动物叫儵（tiáo）鱼。

　　彭水出焉，而西流注于芘湖之水，其中多儵鱼，其状如鸡而赤毛，三尾、六足、四目，其音如鹊，食之可以已忧。

　　儵鱼外形似鸡，长有四只眼睛、三条尾巴和六只脚。多目比喻光的智慧，三、六是水火既济，得先天一炁，红对应离卦和元神，鸡在兑卦位置对应魄精。儵鱼是元精化光，光是有智慧的意思。

孟槐

其状如貆而赤毫，
其音如榴榴

《北山经》的第四个动物叫孟槐。

有兽焉，其状如貆而赤毫，其音如榴榴，名曰孟槐，可以御凶。

孟槐外形似豪猪，长有长长的红色软毛。猪在西北方位，是后天的乾卦，对应头。红色离卦在正南方位，也是先天乾卦的卦位，金火同宫。孟槐是后天返先天的意思。

鳛鳛

其状如鹊而十翼，鳞皆在羽端

《北山经》的第五个动物叫鳛鳛。

又北三百五十里，曰涿光之山，嚣水出焉，而西流注于河。其中多鳛鳛之鱼，其状如鹊而十翼，鳞皆在羽端，其音如鹊，可以御火，食之不瘅。

鳛鳛外形似喜鹊，长有十只翅膀，鳞甲生长在羽毛的顶端。翅膀比喻光是会飞的。鳛鳛讲的是光有很强的飞行能力。

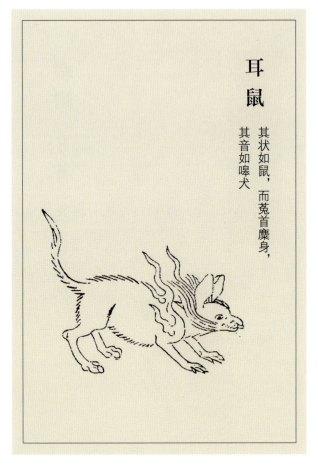

耳鼠

其状如鼠，而菟首麋身，

其音如嗥犬

《北山经》的第六个动物叫耳鼠。

有兽焉，其状如鼠，而菟首麋身，其音如嗥犬，以其尾飞，名曰耳鼠，食之不睬，又可以御百毒。

耳鼠外形似老鼠，长有兔子的脑袋和麋鹿的身体。兔在震卦位置对应魂光，鹿代表元精。耳鼠是元精提升魂光的意思。

孟极

其状如豹，而文题白身

《北山经》的第七个动物叫孟极。

又北二百八十里，曰石者之山，其上无草木，多瑶碧。泚水出焉，西流注于河。有兽焉，其状如豹，而文题白身，名曰孟极，是善伏，其鸣自呼。

孟极外形似豹子，长着花斑额头，身体是白色的。虎豹属于一类，白虎代表元精。孟极是元精的意思。

幽頞

其状如禺而文身，

善笑，见人则卧

《北山经》的第八个动物叫幽頞（è）。

又北百一十里，曰边春之山，多葱、葵、韭、桃、李。杠水出焉，而西流注于泑泽。有兽焉，其状如禺而文身，善笑，见人则卧，名曰幽頞，其鸣自呼。

幽頞外形似猴子，身上长满了花纹，喜欢笑。猴子在坤土位置对应元气，也是静，是产光的根源。幽頞是元气化光的意思。

足
訾

其状如禺而有髵，牛尾、文臂、马蹄

《北山经》的第九个动物叫足訾（zī）。

又北二百里，曰蔓联之山，其上无草木。有兽焉，其状如禺而有髵，牛尾、文臂、马蹄，见人则呼，名曰足訾，其鸣自呼。

足訾外形似猴子，双臂遍布花纹，脖子上有鬃毛，长有牛尾和马蹄。马在离卦位置对应元神，牛在艮卦位置对应元气，猴在坤卦位置对应元气。足訾是元气化光的意思。

《北山经》的第十个动物叫鸰。

有鸟焉，群居而朋飞，其毛如雌雉，名曰鸰，其鸣自呼，食之已风。

鸰喜欢成群栖息，喜欢结队飞行，羽毛像雌性野鸡。鸟比喻光，群居而朋飞是光融合在一起的意思。鸰是光汇合的意思。

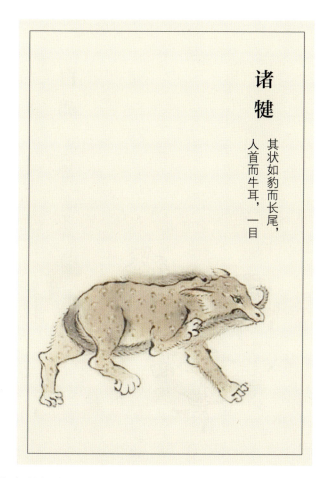

诸犍

其状如豹而长尾，
人首而牛耳，一目

《北山经》的第十一个动物叫诸犍。

又北百八十里，曰单张之山，其上无草木。有兽焉，其状如豹而长尾，人首而牛耳，一目，名曰诸犍，善吒，行则衔其尾，居则蟠其尾。

诸犍外形似豹，拖着长尾巴，长有人的脑袋和牛的耳朵，只有一只眼睛。牛对应元气，虎豹对应元精，独目是元神的光，人首代表光不仅是能量，同时也是智慧。诸犍是光能量智慧一体的意思。

白
鵺

其状如雉，而文首、白翼、黄足

《北山经》的第十二个动物叫白鵺（yè）。

有鸟焉，其状如雉，而文首、白翼、黄足，名曰白鵺，食之已嗌痛，可以已痸。

白鵺外形似野鸡，头上有花纹，长有白色的翅膀和黄色的爪子。白色代表元精，黄色代表元气。白鵺是元精、元气合一的意思。

《北山经》的第十三个动物叫那父。

又北三百二十里，曰灌题之山，其上多樗柘，其下多流沙，多砥。有兽焉，其状如牛而白尾，其音如訆，名曰那父。

那父外形似牛，长着一条白色的尾巴，叫声像人在高呼。牛代表元气，白色代表元精。那父是元精、元气合一的意思。

竦斯

其状如雌雉而人面，见人则跃

《北山经》的第十四个动物叫竦斯。

有鸟焉，其状如雌雉而人面，见人则跃，名曰竦斯，其鸣自呼也。

竦斯外形似雌性野鸡，长有一张人脸，看到人就跳跃不止。鸡是凤的象，讲的是心神的光，人面表示光已经具有自然智慧。竦斯讲的是光具有自然智慧。

长蛇

其毛如彘豪，其音如鼓柝

《北山经》的第十五个动物叫长蛇。

北二百八十里，曰大咸之山，无草木，其下多玉。是山也，四方，不可以上。有蛇名曰长蛇，其毛如彘豪，其音如鼓柝。

长蛇外形似蛇，身上长有毛，与猪的硬鬃毛相似。蛇是元精，猪在乾卦位置对应头。长蛇是元精化光的意思。

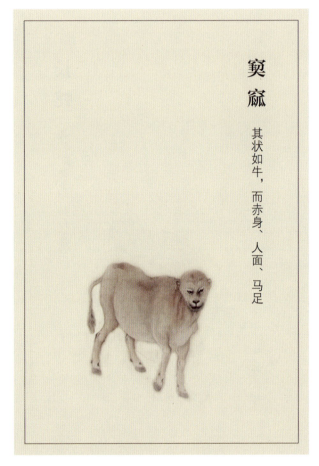

窦窳

其状如牛，而赤身、人面、马足

《北山经》的第十六个动物叫窦窳（yà yǔ）。

又北二百里，日少咸之山，无草木，多青碧。有兽焉，其状如牛，而赤身、人面、马足，名曰窦窳，其音如婴儿，是食人。

窦窳外形似牛，身子为红色，长有人脸和马蹄。牛对应元气，马对应元神，人脸表示光具有了智慧。窦窳讲的是光已经有了智慧。

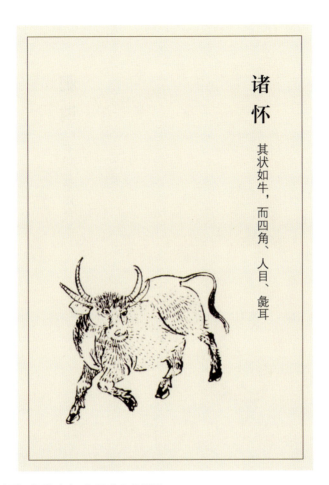

诸怀

其状如牛，而四角、人目、彘耳

《北山经》的第十七个动物叫诸怀。

又北二百里，曰北岳之山，多枳棘刚木。有兽焉，其状如牛，而四角、人目、彘耳，其名曰诸怀，其音如鸣雁，是食人。

诸怀外形似牛，长有四只角，有人的眼睛和猪的耳朵。牛对应元气，四是震卦对应魂，猪在乾卦位置对应头，人目代表元神的光。诸怀是魂光提升为元神的意思。

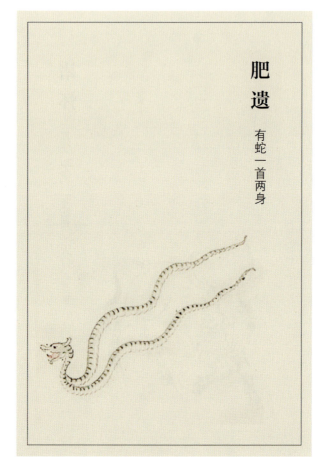

《北山经》的第十八个动物叫肥遗。

又北百八十里，曰浑夕之山，无草木，多铜玉。嚣水出焉，而西北流注于海。有蛇一首两身，名曰肥遗，见则其国大旱。

肥遗是长有一个头和两个身体的蛇。蛇是元精的象，一头两身。肥遗是先天真一的意思。

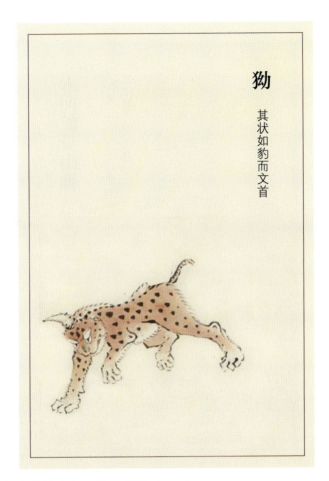

狚

其状如豹而文首

《北山经》的第十九个动物叫狚（yǎo）。

又北百七十里，曰隄山，多马。有兽焉，其状如豹而文首，名曰狚。隄水出焉，而东流注于泰泽，其中多龙龟。

狚外形似豹子，头上长有很多花纹。虎豹属于一类，虎代表元精。狚代表元精。

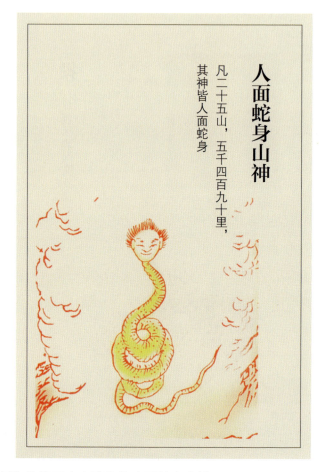

人面蛇身山神

凡二十五山，五千四百九十里，

其神皆人面蛇身

《北山经》的第二十个动物为人面蛇身山神。

凡北山之首，自单狐之山至于隄山，凡二十五山，五千四百九十里，其神皆人面蛇身。其祠之：毛用一雄鸡彘瘗，吉玉用一珪，瘗而不糈。

此一列山的山神皆为人面蛇身。蛇是元精，人面表示光已经具有自然智慧。人面蛇身山神讲的是元精化光，光是有智慧的。

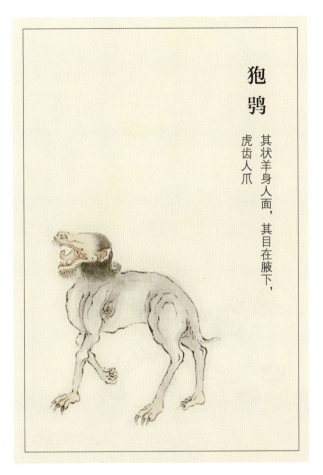

狍鸮

其状羊身人面，其目在腋下，虎齿人爪

《北山经》的第二十一个动物叫狍鸮（páo xiāo）。

又北三百五十里，曰钩吾之山，其上多玉，其下多铜。有兽焉，其状羊身人面，其目在腋下，虎齿人爪，其音如婴儿，名曰狍鸮，是食人。

狍鸮外形似羊，有人的面孔，长着虎一样的牙齿和人的指甲，眼睛在腋窝下。羊在坤卦位置对应元气，人面和人爪代表光有人的智慧了，虎代表元精，腋下的眼睛代表元神。狍鸮讲的是元精化出的光已经有智慧了。

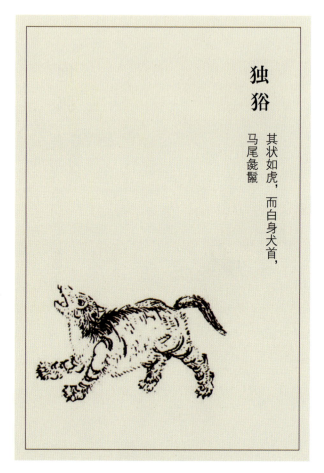

《北山经》的第二十二个动物叫独狢（yù）。

又北三百里，曰北嚻之山，无石，其阳多碧，其阴多玉。有兽焉，其状如虎，而白身犬首，马尾彘鬣，名曰独狢。

独狢外形似老虎，身体是白色的，长着狗的脑袋和马的尾巴，脖子上有鬣毛。白虎是元精，狗在乾卦位置对应头，马对应元神。独狢是元精化元神的意思。

鶩
鵑

其状如乌，人面

《北山经》的第二十三个动物叫鶩鵑（pán mào）。

有鸟焉，其状如乌，人面，名曰鶩鵑，宵飞而昼伏，食之已暍。

鶩鵑外形似乌鸦，长着人的面孔，一般在白天休息，夜间活动。鸟是光的意思，人面讲光是有智慧的。鶩鵑是智慧与光能量合一体的意思。

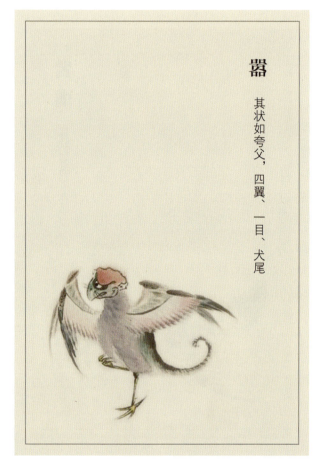

嚣

其状如夸父，四翼、一目、犬尾

《北山经》的第二十四个动物叫嚣。

有鸟焉，其状如夸父，四翼、一目、犬尾，名曰嚣，其音如鹊，食之已腹痛，可以止衕。

嚣外形似夸父，长有四只翅膀和一只眼睛，尾巴与狗尾相似。一是德一和先天一炁的意思，翅膀比喻光是会飞的。嚣讲的是德一之光有强大的飞行能力。

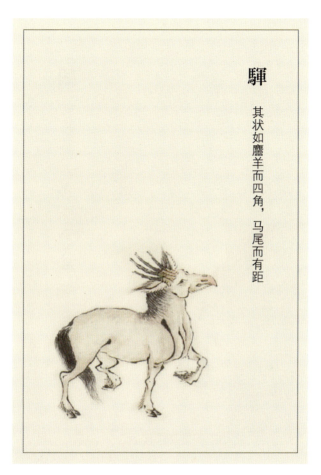

騨

其状如麢羊而四角，马尾而有距

《北山经》的第二十五个动物叫騨（hún）。

北次三经之首，曰太行之山。其首曰归山，其上有金玉，其下有碧。有兽焉，其状如麢羊而四角，马尾而有距，其名曰騨，善还，其鸣自訆。

騨外形似麢羊，长有四只角和马尾。羊在坤卦位置对应元气，多角是元气强大的意思，马在离卦位置对应元神。騨是元气化光的意思。

鵫

其状如鹊，白身、赤尾、六足

《北山经》的第二十六个动物叫鵫（fén）。

有鸟焉，其状如鹊，白身、赤尾、六足，其名曰鵫，是善惊，其鸣自詨。

鵫外形似喜鹊，有白色的身体和红色的尾巴，长着六只脚。鸟代表光的能量，六只脚代表能量很高；白身代表元精，赤尾在离卦位置代表元神。鵫是光能量很高的意思。

天马

其状如白犬而黑头，见人则飞

《北山经》的第二十七个动物叫天马。

又东北二百里，曰马成之山，其上多文石，其阴多金玉。有兽焉，其状如白犬而黑头，见人则飞，其名曰天马，其鸣自訆。

天马外形似白狗，头部呈黑色，一看见人就会飞走。黑色是正北的坎卦，代表元精；白色西兑金，也代表元精，元精是通过肾气发动的；元精是白色的光，肾是黑色的光，金生水，白色通过黑色表现出来。天马是金生水的意思。

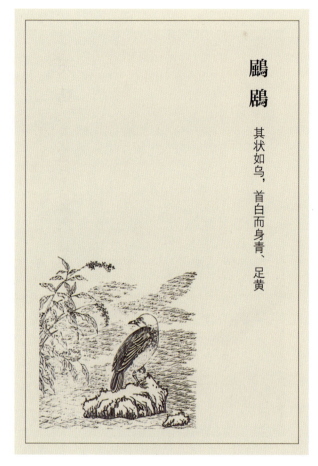

鸲鹠

其状如乌，首白而身青、足黄

《北山经》的第二十八个动物叫鸲鹠（qū jū）。

有鸟焉，其状如乌，首白而身青、足黄，是名曰鸲鹠，其鸣自詨，食之
不饥，可以已寓。

鸲鹠外形似乌鸦，头是白色的，身体为青色，长有黄色的爪子。白色在
兑卦位置对应魄精，青色在震卦位置对应魂神，黄色对应中央的元气。鸲鹠
是元气使魂魄合一的意思。

飞鼠

其状如兔而鼠首，以其背飞

《北山经》的第二十九个动物叫飞鼠。

又东北二百里，曰天池之山，其上无草木，多文石。有兽焉，其状如兔而鼠首，以其背飞，其名曰飞鼠。

飞鼠外形似兔子，头部像老鼠，可以借助背上的毛飞行。兔在震卦位置对应元性魂光，鼠在正北坎卦位置对应元精，会飞比喻的是光。飞鼠是元精化光、令魂光提升的意思。

105

领胡

其状如牛而赤尾，其颈䯂，其状如句瞿

《北山经》的第三十个动物叫领胡。

又东三百里，曰阳山，其上多玉，其下多金铜。有兽焉，其状如牛而赤尾，其颈䯂，其状如句瞿，其名曰领胡，其鸣自詨，食之已狂。

领胡外形似牛，长有红色的尾巴，脖子上有斗状的肉瘤。牛表示元气，赤色对应离卦的元神；瞿是鸟，比喻心光。领胡是元气化元神的意思。

象蛇

其状如雌雉，而五采以文，是自为牝牡

《北山经》的第三十一个动物叫象蛇。

有鸟焉，其状如雌雉，而五采以文，是自为牝牡，名曰象蛇，其鸣自詨。

象蛇外形似雌性野鸡，羽毛上有五彩花纹。牝牡是阴阳合为一体的意思，阴阳合一就是先天一炁。"五采以文"指五色光，五气朝元，一就是五，一包含着五。象蛇是元神的意思。

《北山经》的第三十二个动物叫酸与。

又南三百里，曰景山，南望盐販之泽，北望少泽，其上多草、藷藇，其草多秦椒，其阴多赭，其阳多玉。有鸟焉，其状如蛇，而四翼、六目、三足，名曰酸与，其鸣自詨，见则其邑有恐。

酸与外形似蛇，是长有四只翅膀、六只眼睛和三只脚的鸟。蛇是元精，翅膀是光，代表元神。酸与讲的是元精化出强大的光。

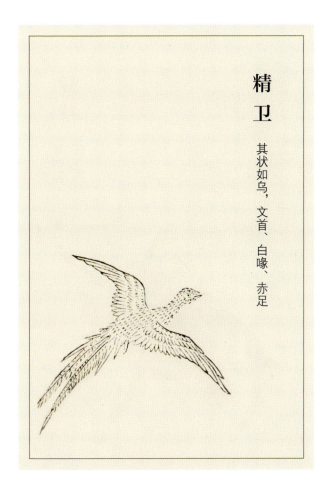

精卫

其状如乌，文首、白喙、赤足

《北山经》第三十三个动物叫精卫。

又北二百里，曰发鸠之山，其上多柘木。有鸟焉，其状如乌，文首、白喙、赤足，名曰精卫，其鸣自詨。

精卫外形似乌鸦，头上长有花斑，有白色的嘴和红色的爪子。鸟代表光的能量，白色对应元精，红色对应元神。精卫是元精化元神的意思。

《北山经》的第三十四个动物叫辣辣（dòng dòng）。

又北三百里，曰泰戏之山，无草木，多金玉。有兽焉，其状如羊，一角一目，目在耳后，其名曰辣辣，其鸣自訆。

辣辣外形似羊，长有一只眼睛和一只角，眼睛长在耳后。羊是元气，一代表德一之光，是老天的元气。辣辣是先天一炁的意思。

獂

其状如牛而三足

《北山经》的第三十五个动物叫獂（huán）。

又北四百里，曰乾山，无草木，其阳有金玉，其阴有铁而无水。有兽焉，其状如牛而三足，其名曰獂，其鸣自詨。

獂外形似牛，长有三条腿。牛是元气，三是离卦，对应元神。獂是元气化元神的意思。

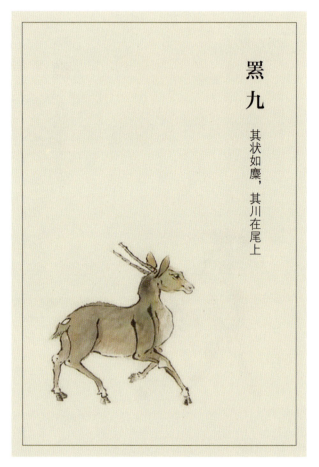

罴九

其状如麢，其川在尾上

《北山经》的第三十六个动物叫罴（pí）九。

又北五百里，曰伦山，伦水出焉，而东流注于河。有兽焉，其状如麢，其川在尾上，其名曰罴九。

罴九外形似麢鹿，肛门长在尾巴上。鹿代表元精。罴九是元精的意思。

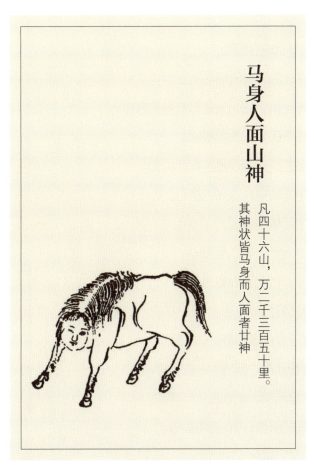

马身人面山神

凡四十六山，万二千三百五十里。

其神状皆马身而人面者廿神

《北山经》的第三十七个动物为马身人面山神。

凡北次三山之首，自太行之山以至于毋逢之山，凡四十六山，万二千三百五十里。其神状皆马身而人面者廿神。其祠之，皆用一藻珪瘗之。

此一列山的山神皆为马身人面。马对应元神，人面表示光已经具备智慧。马身人面山神是讲光已经有智慧了。

小结：

1. 臛疏是元神的意思。
2. 鵸鵌讲光的智慧已经很高了。
3. 儵鱼是元精化光，光是有智慧的意思。
4. 孟槐是后天返先天的意思。
5. 鳛鳛讲的是光有很强的飞行能力。
6. 耳鼠是元精提升魂光的意思。
7. 孟极是元精的意思。
8. 幽頞是元气化光的意思。
9. 足訾是元气化光的意思。
10. 䴔是光汇合的意思。
11. 诸犍是光能量智慧一体的意思。
12. 白鵺是元精、元气合一的意思。
13. 那父是元精、元气合一的意思。
14. 竦斯讲的是光具有自然智慧。
15. 长蛇是元精化光的意思。
16. 窫窳讲的是光已经有了智慧。
17. 诸怀是魂光提升为元神的意思。
18. 肥遗是先天真一的意思。
19. 狕代表元精。
20. 人面蛇身山神讲的是元精化光，光是有智慧的。
21. 狍鸮讲的是元精化出的光已经有智慧了。
22. 独狢是元精化元神的意思。
23. 鵥鶥是智慧与光能量合一体的意思。

24. 嚣讲的是德一之光有强大的飞行能力。

25. 驒是元气化光的意思。

26. 鵁是光能量很高的意思。

27. 天马是金生水的意思。

28. 鹠鹠是元气使魂魄合一的意思。

29. 飞鼠是元精化光、令魂光提升的意思。

30. 领胡是元气化元神的意思。

31. 象蛇是元神的意思。

32. 酸与讲的是元精化出强大的光。

33. 精卫是元精化元神的意思。

34. 辣辣是先天一炁的意思。

35. 獂是元气化元神的意思。

36. 罴九是元精的意思。

37. 马身人面山神是讲光已经有智慧了。

北方对应元精，多为牛的形象，牛代表元气。山神的形象为人面蛇身、马身人面，蛇代表元精、马代表元神、牛代表元气，元精化元气、化元神。人面代表光的智慧，元精、元气化出来的元神的光，不仅是能量，还是智慧。元神讲的是能量智慧是一体的。

《东山经》

鯖鯖

其状如犁牛，其音如彘鸣

《东山经》的第一个动物叫鯖鯖（yōng yōng）。

东山之首，曰樕螽之山。北临乾昧。食水出焉，而东北流注于海。其中多鯖鯖之鱼，其状如犁牛，其音如彘鸣。

鯖鯖鱼外形似犁牛，叫声像猪的嘶鸣。鱼是元精，牛是元气。鯖鯖是元精化元气的意思。

从从

其状如犬，六足

《东山经》的第二个动物叫从从。

又南三百里，曰枸状之山，其上多金玉，其下多青碧石。有兽焉，其状如犬，六足，其名曰从从，其鸣自詨。

从从外形似狗，长有六条腿。狗在乾卦位置代表头。从从是脑光很强的意思。

蚩鼠

其状如鸡而鼠毛

《东山经》的第三个动物叫蚩（zī）鼠。

有鸟焉，其状如鸡而鼠毛，其名曰蚩鼠，见则其邑大旱。

蚩鼠外形似鸡，长有鼠毛。它兼具鸡和鼠的特点，鸡在兑卦位置对应魄精，鼠在坎卦位置对应元精。蚩鼠是水中生金的意思。

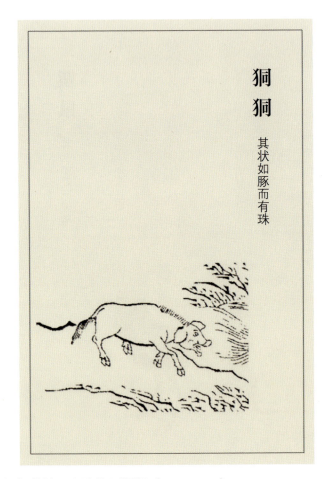

《东山经》的第四个动物叫狪狪（tóng tóng）。

又南三百里，曰泰山，其上多玉，其下多金。有兽焉，其状如豚而有珠，名曰狪狪，其鸣自訆。

狪狪外形似猪，体内含珠。猪和狗都在乾卦位置代表头，珠是光的意思。狪狪是头上有光的意思。

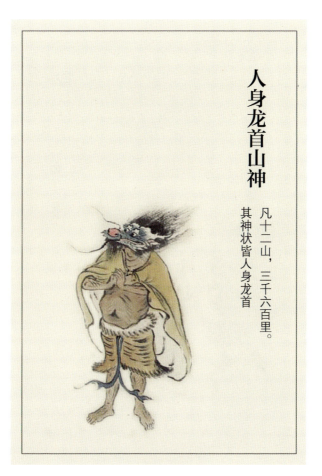

人身龙首山神

凡十二山，三千六百里。其神状皆人身龙首

《东山经》的第五个动物为人身龙首山神。

　　凡东山之首，自樕蠡之山以至于竹山，凡十二山，三千六百里。其神状皆人身龙首。祠：毛用一犬祈，衈用鱼。

　　此一列山的山神皆为人身龙首，拥有人的身体和龙的脑袋。人身龙首山神讲的是人的光已经能变化了。

轮轮

其状如牛而虎文，
其音如钦

《东山经》的第六个动物叫轮轮（líng líng）。

东次二山之首，曰空桑之山，北临食水，东望沮吴，南望沙陵，西望湣泽。有兽焉，其状如牛而虎文，其音如钦，其名曰轮轮，其鸣自訆，见则天下大水。

轮轮外形似牛，身上长有虎的花纹。它集牛、虎于一身，牛是元气，虎是元精。轮轮是元精化元气的意思。

朱獳

其状如狐而鱼翼

《东山经》的第七个动物叫朱獳。

又南三百里，曰耿山，无草木，多水碧，多大蛇。有兽焉，其状如狐而鱼翼，其名曰朱獳，其鸣自訆，见则其国有恐。

朱獳外形似狐狸，身上长有鱼鳍。鱼是元精，翅膀比喻光会飞，狐狸代表长生。《孝经援神契》中写"德至鸟兽，则狐九尾"，九尾狐象征着德一之光，九条尾巴代表纯阳。朱獳是光至纯阳的意思。

獙獙

其状如狐而有翼，

其音如鸿雁

《东山经》的第八个动物叫獙獙（bì bì）。

又南三百里，曰姑逢之山，无草木，多金玉。有兽焉，其状如狐而有翼，其音如鸿雁，其名曰獙獙，见则天下大旱。

獙獙外形似狐狸，身上长有翅膀，叫声如同大雁的鸣叫。与前文介绍的朱獳一样，獙獙也是光至纯阳的意思。

蠪侄

其状如狐，而九尾、九首、虎爪

《东山经》的第九个动物叫蠪（lóng）侄。

又南五百里，曰凫丽之山，其上多金玉，其下多箴石。有兽焉，其状如狐，而九尾、九首、虎爪，名曰蠪侄，其音如婴儿，是食人。

蠪侄外形似狐狸，长有九条尾巴、九个脑袋和九只爪子。九条尾巴代表纯阳。蠪侄是光至纯阳的意思。

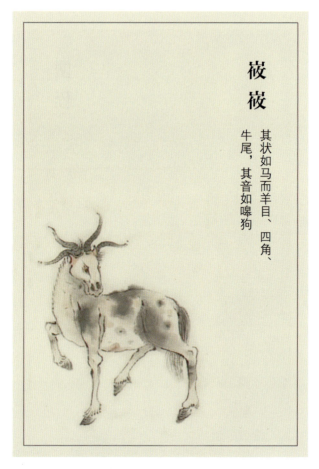

《东山经》的第十个动物叫犰犰（yōu yōu）。

又南五百里，曰硬山，南临硬水，东望湖泽。有兽焉，其状如马而羊目、四角、牛尾，其音如嗥狗，其名曰犰犰，见则其国多狡客。

犰犰外形似马，眼睛像羊，长有四只角和牛的尾巴，叫声和狗相似。它将牛、羊、马三合为一了，牛、羊代表元气，马代表元神。犰犰是元气化元神的意思。

婠胡

其状如麋而鱼目

《东山经》的第十一个动物叫婠（wǎn）胡。

东次三山之首，曰尸胡之山，北望䍘山，其上多金玉，其下多棘。有兽焉，其状如麋而鱼目，名曰婠胡，其鸣自訆。

婠胡外形似麋鹿，长有鱼的眼睛。鹿和鱼都代表元精。婠胡是元精的意思。

鮯鮯

其状如鲤，而六足鸟尾

《东山经》的第十二个动物叫鮯鮯（gé gé）。

又南水行五百里，流沙五百里，有山焉，曰跂踵之山，广员二百里，无草木，有大蛇，其上多玉。有水焉，广员四十里，皆涌，其名曰深泽，其中多蠵龟。有鱼焉，其状如鲤，而六足鸟尾，名曰鮯鮯之鱼，其名自訆。

鮯鮯外形似鲤，长着六只脚和鸟一样的尾巴。鱼代表元精，鸟代表光。鮯鮯是元精化光的意思。

人身羊角山神

凡九山，六千九百里。

其神状皆人身而羊角

《东山经》的第十三个动物为人身羊角山神。

凡东次三山之首，自尸胡之山至于无皋之山，凡九山，六千九百里。其神状皆人身而羊角。其祠：用一牡羊，糈用黍。

此一列山的山神皆为人身羊角。羊在坤卦位置对应元气。人身羊角山神是讲光不仅有能量，还有智慧。

《东山经》的第十四个动物叫猲狙（hè jū）。

东次四山之首，曰北号之山，临于北海。有木焉，其状如杨，赤华，其实如枣而无核，其味酸甘，食之不疟。食水出焉，而东北流注于海。有兽焉，其状如狼，赤首鼠目，其音如豚，名曰猲狙，是食人。

猲狙外形似狼，长有红色的脑袋和鼠眼。狼和猪、狗是一类，在乾卦位置代表头，红色是离卦，鼠在坎卦位置，坎离相交，得先天一炁。猲狙是头部得先天一炁的意思。

魕雀

其状如鸡而白首，鼠足而虎爪

《东山经》的第十五个动物叫魕（qí）雀。

有鸟焉，其状如鸡而白首，鼠足而虎爪，其名曰魕雀，亦食人。

魕雀外形似鸡，脑袋是白色的，长有老鼠脚和虎爪。虎是元精的先天卦位，鼠是元精后天发动的卦位，母生子。魕雀是水中生金的意思。

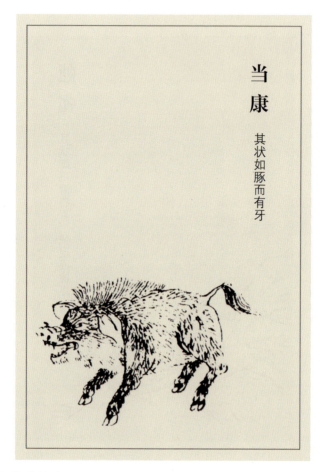

《东山经》的第十六个动物叫当康。

又东南二百里，曰钦山，多金玉而无石。师水出焉，而北流注于皋泽，其中多鳝鱼，多文贝。有兽焉，其状如豚而有牙，其名曰当康，其鸣自訆，见则天下大穰。

当康外形似猪，长有獠牙。猪在乾卦位置对应头。当康是头上有光的意思。

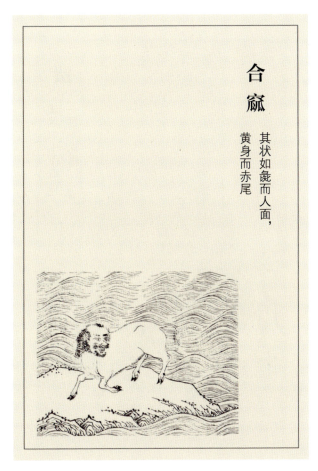

合窳

其状如彘而人面，

黄身而赤尾

《东山经》的第十七个动物叫合窳（yǔ）。

又东北二百里，曰剡山，多金玉。有兽焉，其状如彘而人面，黄身而赤尾，其名曰合窳，其音如婴儿。是兽也，食人，亦食虫蛇，见则天下大水。

合窳外形似猪，长着人脸，身体为黄色，尾巴为红色，叫声像婴儿蹄哭。猪在乾卦位置对应头，黄色对应元气，红色对应元神。合窳是头上有光的意思。

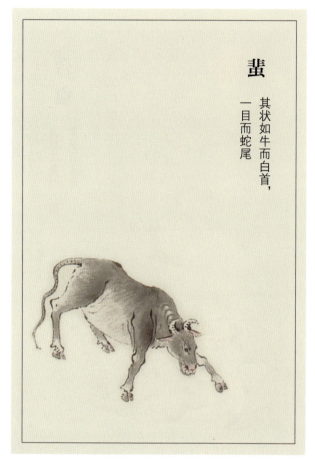

《东山经》的第十八个动物叫蜚。

有兽焉，其状如牛而白首，一目而蛇尾，其名曰蜚，行水则竭，行草则死，见则天下大疫。

蜚外形似牛，长着白色的头和蛇的尾巴，只有一只眼睛。白色是元精，蛇也是元精，牛是元气，蜚是元精化元气的意思。白色让我们想起《西游记》中孙悟空大战牛魔王，最后牛魔王变为一头白色的牛，才算结束。《西游记》和《山海经》是一脉相承的，都是讲光的变化过程。光的验证过程都是隐传的，要自己经历才能懂。

小结：

1. 鱅鱅是元精化元气的意思。

2. 从从是脑光很强的意思。

3. 蚩鼠是水中生金的意思。

4. 狪狪是头上有光的意思。

5. 人身龙首山神讲的是人的光已经能变化了。

6. 𬴂𬴂是元精化元气的意思。

7. 朱獳是光至纯阳的意思。

8. 獙獙是光至纯阳的意思。

9. 蠪侄是光至纯阳的意思。

10. 峳峳是元气化元神的意思。

11. 絜胡是元精的意思。

12. 鮯鮯是元精化光的意思。

13. 人身羊角山神是讲光不仅有能量，还有智慧。

14. 獨狙是头部得先天一炁的意思。

15. 𮧵雀是水中生金的意思。

16. 当康是头上有光的意思。

17. 合窳是头上有光的意思。

18. 蜚是元精化元气的意思。

东边是魂，藏龙，是《东山经》的主体。山神是人身龙首、人身羊角，人身是讲光的能量已经生出了智慧。《东山经》有一个特别的地方，那就是人的身体出现了。

《中山经》

䟻

其状如㺉鼠而文题

《中山经》的第一个动物叫䟻（nuó）。

中山薄山之首，日甘枣之山，共水出焉，而西流注于河。其上多枏木。其下有草焉，葵本而杏叶，黄华而荚实，名则箨，可以已瞢。有兽焉，其状如㺉鼠而文题，其名曰䟻，食之已瘿。

䟻外形似鼠，额头上有花纹。鼠在坎卦位置对应元精。䟻是元精的意思。

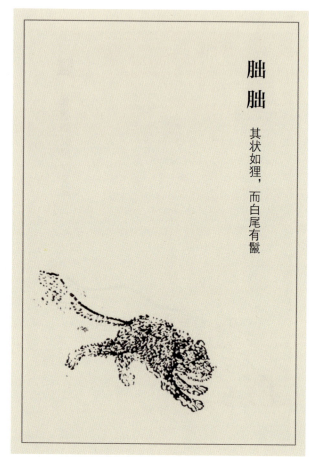

胐 胐

其状如狸，而白尾有鬣

《中山经》的第二个动物叫胐胐（fěi fěi）。

又北四十里，曰霍山，其木多榖。有兽焉，其状如狸，而白尾有鬣，名曰胐胐，养之可以已忧。

胐胐外形似野猫，有白色的尾巴，脖子上长有猪鬃毛。胐胐象征长生，猪在乾卦位置对应头。胐胐是脑光得先天一炁的意思。

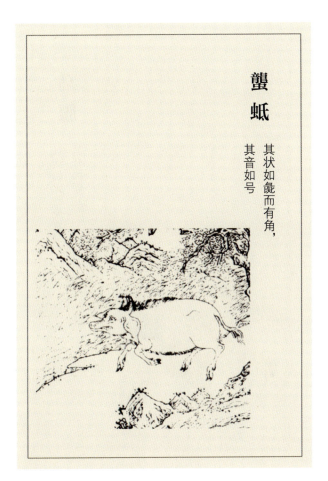

龙蚳

其状如彘而有角，

其音如号

《中山经》的第三个动物叫龙蚳（lóng chí）。

又西二百里，曰昆吾之山，其上多赤铜。有兽焉，其状如彘而有角，其音如号，名曰龙蚳，食之不眯。

龙蚳外形似猪，有角。猪在乾卦位置对应头，角代表能量。龙蚳是光能量上升到头部的意思。

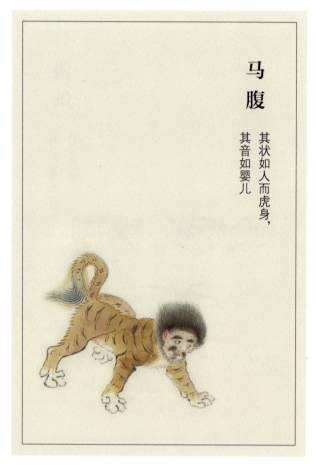

马腹

其状如人而虎身，
其音如婴儿

《中山经》的第四个动物叫马腹。

又西二百里，曰蔓渠之山，其上多金玉，其下多竹箭。伊水出焉，而东流注于洛。有兽焉，其名曰马腹，其状如人而虎身，其音如婴儿，是食人。

马腹长着人的面孔和虎的身体。虎是元精，人面是智慧。马腹是元精化光、光有智慧的意思。

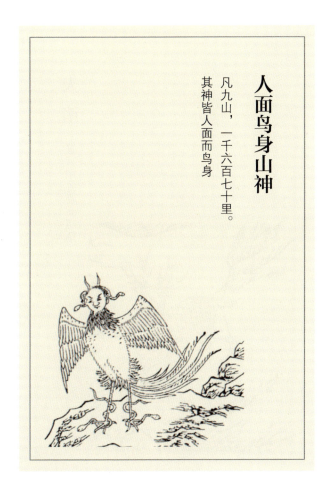

人面鸟身山神

凡九山，一千六百七十里。
其神皆人面而鸟身

《中山经》的第五个动物为人面鸟身山神。

凡济山之首，自辉诸之山至于蔓渠之山，凡九山，一千六百七十里。其
神皆人面而鸟身。祠用毛，用一吉玉，投而不糈。

此一列山的山神皆为人面鸟身。鸟比喻光，人面比喻智慧。人面鸟身山
神讲的是光有智慧了。

《中山经》的第六个动物叫夫诸。

中次三山萯山之首，曰敖岸之山，其阳多㻬琈之玉，其阴多赭、黄金。神熏池居之。是常出美玉。北望河林，其状如茜如举。有兽焉，其状如白鹿而四角，名曰夫诸，见则其邑大水。

夫诸外形似白鹿，长有四只角。鹿和白色都代表元精。夫诸是元精的意思。

鵁

其状如凫，青身而朱目赤尾

《中山经》的第七个动物叫鵁（yāo）。

其中有鸟焉，名曰鵁，其状如凫，青身而朱目赤尾，食之宜子。

鵁外形似野鸭，长着青色的身体、红色的尾巴和红色的眼睛。青色代表东边青龙的色，红色代表南方元神的色，鸟比喻光。青红合一，魂光已经上升为元神。鵁是元神已成的意思。

麔

其状如貉而人目

《中山经》的第八个动物叫麔（yín）。

西五十里，曰扶猪之山，其上多礝石。有兽焉，其状如貉而人目，其名曰麔。虢水出焉，而北流注于洛，其中多瓀石。

麔外形似狐狸，长有人的眼睛。狐狸代表长生，人目讲人的光。麔讲的是得长生之光的意思。

犀渠

其状如牛，苍身，其音如婴儿

《中山经》的第九个动物叫犀渠。

又西一百二十里，曰厘山，其阳多玉，其阴多蒐。有兽焉，其状如牛，苍身，其音如婴儿，是食人，其名曰犀渠。

犀渠外形似牛，全身呈灰黑色，叫声如婴儿啼哭。牛代表元气，灰黑色是土，也代表元气。犀渠是元气的意思。

《中山经》的第十个动物叫獭（jié）。

潚潚之水出焉，而南流注于伊水。有兽焉，名曰獭，其状如獳犬而有鳞，

其毛如彘鬣。

獭外形似獳犬，全身有鳞甲，毛像猪鬃一样。狗和猪都在乾卦位置对应

头。獭是头上有光的意思。

人面兽身山神

凡九山，千六百七十里。

其神状皆人面兽身

《中山经》的第十一个动物为人面兽身山神。

凡厘山之首，自鹿蹄之山至于玄扈之山，凡九山，千六百七十里。其神状皆人面兽身。其祠之：毛用一白鸡，祈而不糈；以采衣之。

此一列山的山神皆为人面兽身。兽身代表能量，人面代表智慧。人面兽身山神讲的是光是能量智慧合于一体。

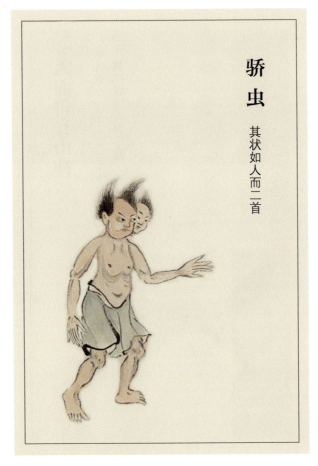

《中山经》的第十二个动物叫骄虫。

中次六山缟羝山之首，曰平逢之山。南望伊、洛，东望谷城之山，无草木，无水，多沙石。有神焉，其状如人而二首，名曰骄虫，是为螫虫，实惟蜂、蜜之庐。

骄虫外形似人，长着两个脑袋。头表示光的智慧。骄虫讲的是光的智慧已经很强大了。

鸰鹞

状如山鸡而长尾，
赤如丹火而青喙

《中山经》的第十三个动物叫鸰鹞（líng yāo）。

又西十里，曰厗山，其阴多琈珸之玉。其西有谷焉，名曰雚谷，其木多柳楮。其中有鸟焉，状如山鸡而长尾，赤如丹火而青喙，名曰鸰鹞，其名自呼，服之不眛。

鸰鹞外形似野鸡，有长尾巴，嘴巴是青色的，羽毛像火一样红。红色在离卦位置对应元神，青色对应肝，肝藏魂。鸰鹞是魂光提升为元神的意思。

153

解读《山海经》

文 文

其状如蜂，
枝尾而反舌

《中山经》的第十四个动物叫文文。

又东五十二里，曰放皋之山。明水出焉，南流注于伊水，其中多苍玉。有木焉，其叶如槐，黄华而不实，其名曰蒙木，服之不惑。有兽焉，其状如蜂，枝尾而反舌，善呼，其名曰文文。

文文外形似蜜蜂，尾巴像树枝一样分叉，舌头反向生长。蜜蜂比喻光很小，树枝代表肝木，肝藏魂。文文讲的是光还很小。

154

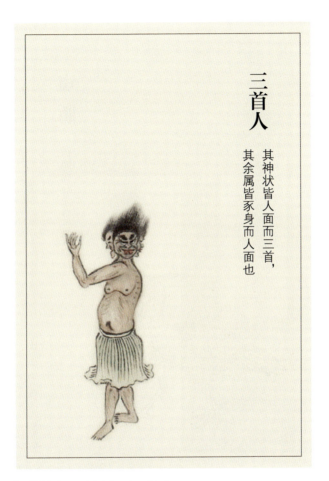

三首人

其神状皆人面而三首，
其余属皆豕身而人面也

《中山经》的第十五个动物叫三首人。

　　凡苦山之首，自休与之山至于大騩之山，凡十有九山，千一百八十四里。……苦山、少室、太室皆冢也，其祠之：太牢之具，婴以吉玉。其神状皆人面而三首，其余属皆豕身而人面也。

　　苦山、少室山、太室山是诸山的宗主，这三座山的山神皆为三首人。人首代表光的智慧。三首人比喻光的智慧已经很强大了。

窃脂

状如鸮而赤身白首

《中山经》的第十六个动物叫窃脂。

又东一百五十里，曰崌山，江水出焉，东流注于大江，其中多怪蛇，多䰲鱼。其木多楢杻，多梅、梓，其兽多夔牛、麢、臭、犀、兕。有鸟焉，状如鸮而赤身白首，其名曰窃脂，可以御火。

窃脂外形似鸮，长着红色的身体和白色的脑袋。红色在离卦位置代表元神，白色在兑卦位置代表元精。窃脂是元精化光的意思。

马身龙首山神

凡十六山，三千五百里。

其神状皆马身而龙首

《中山经》的第十七个动物为马身龙首山神。

凡岷山之首，自女几山至于贾超之山，凡十六山，三千五百里。其神状皆马身而龙首。其祠：毛用一雄鸡瘗，糈用稌。

此一列山的山神皆为马身龙首。马在离卦位置代表元神，龙是元神的法相。马代表后天意识，龙代表自然意识，龙马合一代表先天、后天合一。马身龙首山神讲的是先天、后天合一。

157

跂踵

其状如鸮，而一足彘尾

《中山经》的第十八个动物叫跂踵（qǐ zhǒng）。

又西二十里，曰复州之山，其木多檀，其阳多黄金。有鸟焉，其状如鸮，而一足彘尾，其名曰跂踵，见则其国大疫。

跂踵外形似猫头鹰，长着猪的尾巴，只有一只脚。鸟是心光的意思，猪在乾卦位置对应头。跂踵是心光上升到头部的意思。

《中山经》的第十九个动物为龙身人面山神。

　　凡首阳山之首，自首山至于丙山，凡九山，二百六十七里。其神状皆龙身而人面。其祠之：毛用一雄鸡瘗，糈用五种之糈。

　　此一列山的山神皆为龙身人面。龙是光能量，人面代表智慧。龙身人面山神讲的是能量与智慧合于一体。

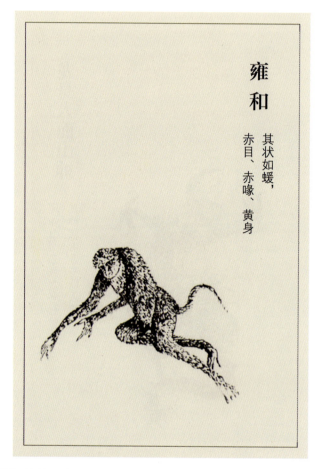

雍和

其状如蝯，
赤目、赤喙、黄身

《中山经》的第二十个动物叫雍和。

又东南三百里，曰丰山。有兽焉，其状如蝯，赤目、赤喙、黄身，名曰雍和，见则国有大恐。

雍和外形似猿猴，长有红色的嘴巴、黄色的身体。猴子在坤土位置对应元气，黄色也代表元气，红色在离卦位置代表元神。雍和是元气供养元神的意思。

鸩

其状如雉，恒食蜚

《中山经》的第二十一个动物叫鸩。

又东六十里，曰瑶碧之山，其木多梓枏，其阴多青雘，其阳多白金。有鸟焉，其状如雉，恒食蜚，名曰鸩。

鸩外形似野鸡，以蜚蝗为食。鸟表示光，鸡在兑卦位置，肺藏魄精，表示元精。鸩是元精化光的意思。

婴勺

其状如鹊，赤目、赤喙、白身

《中山经》的第二十二个动物叫婴勺。

又东四十里，曰攻离之山。淯水出焉，南流注于汉。有鸟焉，其名曰婴勺，其状如鹊，赤目、赤喙、白身，其尾若勺，其鸣自呼。

婴勺外形似喜鹊，长有红色的眼睛和嘴巴，身体呈白色，尾巴形似酒勺。鸟是光，红色代表元神，白色代表元精。婴勺是元精化光的意思。

青耕

其状如鹊，青身白喙，白目白尾

《中山经》的第二十三个动物叫青耕。

又西北一百里，曰堇理之山，其上多松柏，多美梓，其阴多丹雘，多金，其兽多豹虎。有鸟焉，其状如鹊，青身白喙，白目白尾，名曰青耕，可以御疫，其鸣自訆。

青耕外形似喜鹊，有青色的身体，白色的嘴巴、眼睛和尾巴。青对应肝魂，白对应肺的魄精，青耕是魂魄合一的意思。

163

《中山经》的第二十四个动物叫獜（lìn）。

又东南三十里，曰依轱之山，其上多杻橿，多苴。有兽焉，其状如犬，虎爪有甲，其名曰獜，善駚䟃，食者不风。

獜外形似狗，身上长有鳞甲，有老虎一样的爪子。狗在乾卦位置对应头，老虎代表元精。獜讲的是元精化光已经上升到头部。

猴

其状如彙，赤如丹火

《中山经》的第二十五个动物叫猴（lì）。

又东南二十里，曰乐马之山。有兽焉，其状如彙，赤如丹火，其名曰猴，见则其国大疫。

猴外形似刺猬，通体火红。红是离卦对应元神。猴是元神之光的意思。

狙如

状如猷鼠，白耳白喙

《中山经》的第二十六个动物叫狙如。

又东三十里，曰倚帝之山，其上多玉，其下多金。有兽焉，状如猷鼠，白耳白喙，名曰狙如，见则其国有大兵。

狙如外形似猷鼠，长有白色的耳朵和嘴巴。鼠在坎卦位置对应元精，白色兑卦也是元精。狙如是金生水的意思。

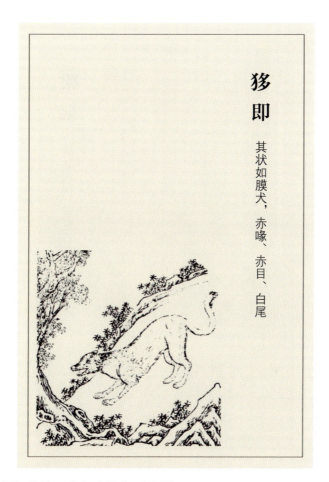

狔即

其状如膜犬，赤喙、赤目、白尾

《中山经》的第二十七个动物叫狔即。

又东三十里，曰鲜山，其木多楢杻苴，其草多薑冬，其阳多金，其阴多铁。有兽焉，其状如膜犬，赤喙、赤目、白尾，见则其邑有火，名曰狔即。

狔即外形似膜犬，长有红色的嘴巴、红色的眼睛、白色的尾巴。红色是离卦对应元神，白色是兑卦对应虎精。狔即是元精化元神。

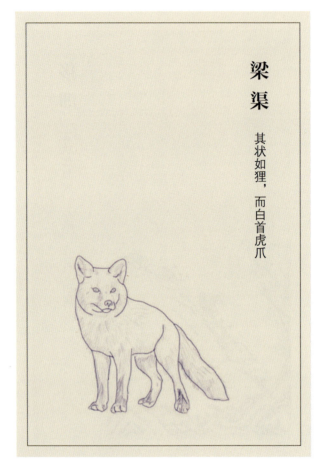

梁渠

其状如狸，而白首虎爪

《中山经》的第二十八个动物叫梁渠。

又东北七十里，曰历石之山，其木多荆芑，其阳多黄金，其阴多砥石。有兽焉，其状如狸，而白首虎爪，名曰梁渠，见则其国有大兵。

梁渠外形似野猫，长有白色的脑袋和老虎一样的爪子。白色是兑卦，白虎代表元精。梁渠是元精的意思。

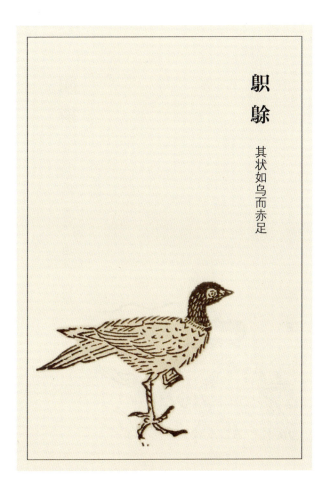

騩鯑

其状如乌而赤足

《中山经》的第二十九个动物叫騩鯑。（zhǐ tú）

又东二百里，曰丑阳之山，其上多稠椐。有鸟焉，其状如乌而赤足，名曰騩鯑，可以御火。

騩鯑外形似乌鸦，有着红色的爪子。红色是离卦火，黑色是坎卦水。騩鯑是水火既济、得先天一炁的意思。

闻獜

其状如彘，黄身、白头、白尾

《中山经》的第三十个动物叫闻獜。

又东三百五十里，曰凡山，其木多楢檀杻，其草多香。有兽焉，其状如彘，黄身、白头、白尾，名曰闻獜，见则天下大风。

闻獜外形似猪，长有白色的头和尾巴，身体为黄色。黄是元气，白是元精。闻獜是元精化元气的意思。

彘身人首山神

凡四十八山，三千七百三十二里。

其神状皆彘身人首

《中山经》的第三十一个动物为彘身人首山神。

凡荆山之首，自翼望之山至于凡山，凡四十八山，三千七百三十二里。其神状皆彘身人首。其祠：毛用一雄鸡祈瘗，婴用一珪，糈用五种之精。

此一列山的山神皆为彘身人首。猪在乾卦位置对应头，人首代表智慧。彘身人首山神讲的是元精化出的光是有智慧的。

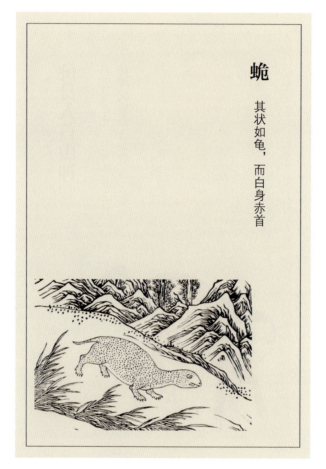

蚔

其状如龟，而白身赤首

《中山经》的第三十二个动物叫蚔（guǐ）。

又东南二百里，曰即公之山，其上多黄金，其下多璎琈之玉，其木多柳杻檀桑。有兽焉，其状如龟，而白身赤首，名曰蚔，是可以御火。

蚔外形似乌龟，长着白色的身体和红色的脑袋。红色对应离卦代表元神，白色和龟都代表元精。蚔是元精化元神的意思。

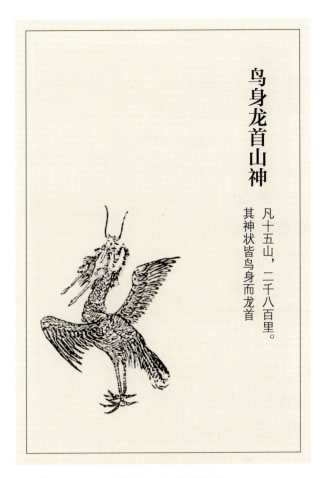

鸟
身
龙
首
山
神

其
神
状
皆
鸟
身
而
龙
首

凡
十
五
山
，
二
千
八
百
里
。

《中山经》的第三十三个动物为鸟身龙首山神。

凡洞庭山之首，自篇遇之山至于荣余之山，凡十五山，二千八百里。其神状皆鸟身而龙首。其祠：毛用一雄鸡、一牝豚刉，糈用稌。

此一列山的山神皆为鸟身龙首。鸟是光，龙是光之变。鸟身龙首山神讲的是光能量是有妙用的。

小结：

1. 鵸是元精的意思。

2. 朏朏是脑光得先天一炁的意思。

3. 蠪蚔是光能量上升到头部的意思。

4. 马腹是元精化光、光有智慧的意思。

5. 人面鸟身山神讲的是光有智慧了。

6. 夫诸是元精的意思。

7. 鹕是元神已成的意思。

8. 麈讲的是得长生之光的意思。

9. 犀渠是元气的意思。

10. 獭是头上有光的意思。

11. 人面兽身山神讲的是光是能量智慧合于一体。

12. 骄虫讲的是光的智慧已经很强大了。

13. 鸰鶼是魂光提升为元神的意思。

14. 文文讲的是光还很小。

15. 三首人比喻光的智慧已经很强大了。

16. 窃脂是元精化光的意思。

17. 马身龙首山神讲的是先天、后天合一。

18. 跂踵是心光上升到头部的意思。

19. 龙身人面山神讲的是能量与智慧合于一体。

20. 雍和是元气供养元神的意思。

21. 鸩是元精化光的意思。

22. 婴勺是元精化光的意思。

23. 青耕是魂魄合一的意思。

24. 獜讲的是元精化光已经上升到头部。

25. 猴是元神之光的意思。

26. 狙如是金生水的意思。

27. 狄即是元精化元神。

28. 梁渠是元精的意思。

29. 駅鯠是水火既济、得先天一炁的意思。

30. 闻獜是元精化元气的意思。

31. 彘身人首山神讲的是元精化出的光是有智慧的。

32. 蜃是元精化元神的意思。

33. 鸟身龙首山神讲的是光能量是有妙用的。

《中山经》中的山神非常多，有人面鸟身、人面兽身、马身龙首、龙身人面、彘身人首、鸟身龙首等。《中山经》说东边有什么、西边有什么，东边是魂、西边是魄，说东、西，又讲了这么多山神，讲的是魂魄合一的过程，魂魄合一元神成。这些山神的形象，是讲魂魄合一，是讲光的成长过程。